物流与供应链管理信息化建设

张莹 付永军 陈思思 ◎著

中国出版集团
中译出版社

图书在版编目（CIP）数据

物流与供应链管理信息化建设 / 张莹，付永军，陈思思著. -- 北京：中译出版社，2023.11
ISBN 978-7-5001-7603-9

Ⅰ. ①物… Ⅱ. ①张… ②付… ③陈… Ⅲ. ①物流－信息化－研究②供应链管理－信息化－研究 Ⅳ. ①F253.9②F252.1

中国国家版本馆CIP数据核字(2023)第211332号

物流与供应链管理信息化建设

WULIU YU GONGYINGLIAN GUANLI XINXIHUA JIANSHE

著　　者：张　莹　付永军　陈思思
策划编辑：于　宇
责任编辑：于　宇
文字编辑：田玉肖
营销编辑：马　萱　钟筱童
出版发行：中译出版社
地　　址：北京市西城区新街口外大街28号102号楼4层
电　　话：（010）68002494（编辑部）
邮　　编：100088
电子邮箱：book@ctph.com.cn
网　　址：http://www.ctph.com.cn

印　　刷：北京四海锦诚印刷技术有限公司
经　　销：新华书店
规　　格：787 mm×1092 mm　1/16
印　　张：11.75
字　　数：230千字
版　　次：2023年11月第1版
印　　次：2023年11月第1次

ISBN 978-7-5001-7603-9　　　　定价：68.00元

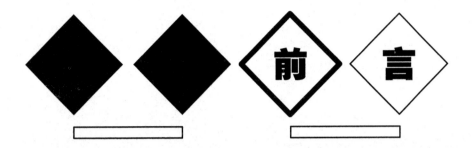

前　言

　　随着经济全球化的发展，企业只有适应快速变化的市场，才能在竞争之中占据一席之地。物流管理与供应链管理之间存在着本质的区别，不可互换使用。同时，供应链管理与物流管理之间又存在着不可割裂的联系，供应链管理可以称得上是系统管理、制造管理等其他管理思想融合的产物，是物流管理内部一体化向外部一体化发展过程中产生的一种管理思想，它源于物流管理却高于物流管理。随着经济和信息技术的快速发展，企业物流与供应链管理的改革与衔接变得非常重要。

　　基于此，本书以"物流与供应链管理信息化建设"为题，全书共设置七章：第一章分析物流与物流系统、现代物流的功能与作用、物流管理与供应链管理；第二章讨论运输及其合理化、仓储管理及其业务流程、库存控制与实物资产码仓储管理、包装与流通加工管理、配送形式与计划管理；第三章探讨物流战略与物流战略管理、物流战略管理的环境分析、物流战略管理的规划与实施；第四章探索物流运营模式的选择与分析、第三方物流模式及其服务价值、现代物流运营管理模式的要点；第五章主要内容包括供应链采购管理、供应链生产计划与控制管理、供应链管理组织与运行；第六章分析现代物流产业信息化发展的环境、信息化与物流产业的融合机理、信息化与物流产业的融合效应；第七章探究智慧物流与供应链信息平台的业务体系、智慧物流与供应链信息平台的云服务设计、智慧物流园区供应链的协同运作模式。

　　全书力求内容通俗易懂，结构层次严谨，条理清晰分明，从物流管理与供应链系统运行相关的基础理论入手，拓展到信息化物流产业发展与供应链信息平台建设，兼具理论与实践价值，可供广大相关工作者参考借鉴。

　　在撰写本书的过程中，得到了许多专家学者的帮助和指导，笔者在此表示诚挚的谢意。由于笔者水平有限，加之时间仓促，书中所涉及的内容难免有疏漏之处，希望各位读者多提宝贵意见，以便笔者进一步修改，使之更加完善。

作　者

2023 年 1 月

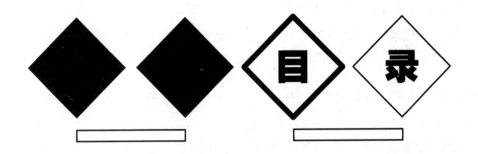

第一章 物流与供应链管理概述

第一节 物流与物流系统

一、物流

物流是指货品从提供者到货品的需求者发生的位置改变的空间运动，其主要目的是在时间上创造价值，在地点上创造价值和在货品空间运动的过程中创造价值。物流这个词最早用于军事物资的调运和支援。20 世纪 70 年代，日本企业面对竞争激烈的市场，企业的效益越来越低，为了降低企业成本，增加企业的利润，物流被日本企业运用到各个经济领域。全球化发展使各个国家经济合作越来越紧密，物流概念也随着经济的发展趋向于更合理、更科学。

（一）物流技术原理

1. 物流的主要内容

20 世纪初，美国学者提出物流，最早的物流并没有明确的界定，泛指物品的流通。之后，随着物流的发展，物流的内涵逐渐丰富，不仅指物品的流动，还包括了从生产、销售和消费环节中的流通、加工、运输和仓储等活动。现代物流是在传统物流上演变出来的，是包含了运输业、仓储业、零售业以及生产加工业等多种行业要素在内的综合性概念，并以客户需求为目标。

现代物流主要包括：①实质流动，即原材料、半成品及产成品的运输；②实质存储，即原材料、半成品及产成品的仓储；③信息流通，即使物流中的信息流能够有效地流通；④管理协调，即对计划、实施和有效控制的过程。

2. 物流工作的构成

在现代物流体系中，物流工作原理是依据物流需要，对需要进行物流的物件进行包装，通过装卸工具运输到运输设备和仓库的一系列作业过程。整个过程受到控制系统的监控。自动化物流主要由储存单元、高架库货位取放装置、输送装置、控制系统等组成。

（1）储存单元。储存单元也称为存储货位，是立体库存储的基本构成。一般由多层货架组成，配合物流托盘使用，用于物料的存放。一般高架物流库的设计都比较高，存储货位多。

（2）高架库货位取放装置。巷道式货物存取装置也叫堆垛机，是高架物流的重要组成部分，所有立体库的物流都需要堆垛机进行移入和移出。堆垛机拥有伸缩式货叉，货位利用货叉存入取出。堆垛机能够在巷道里工作，通过 X 轴、Y 轴、Z 轴移动完成货物的取放。堆垛机设置由手自动操作，在需要手动进行取货存货时，由操作人员手动操作取货放货任务。自动的时候，接受执行调度指令控制取放货任务。

（3）输送装置。输送装置安装在高架库外，用来配合高架库将物料送入或者取出。输送设备一般是根据厂房、地点等实际情况进行增加或减少，实现货物的移动。在水平方向的输送装置包含了气动集放输送机、排链输送机。垂直方向输送物料的设备有升降机、升降台，将物料转向的设备是旋转输送机，或者利用升降辊道输送机进行 90 度转向。高架库外围的输送装置根据使用场地实际情况的安装排布。

（4）控制系统。控制系统把高架仓库的所有设备组合控制，利用调度管理以及数据信息管理来指挥原料物流运行。管理系统管理出入库信息、货位信息、托盘等信息，两者组合起来成为高架库的控制系统。

自动化物流设备是自动化物流技术的底层架构。越来越多的企业通过运用自动化物流技术，实现了人工成本的下降，提高了仓储的数字化，提高了仓储有效率。此外，物流的快速发展对自动化物流技术与设备来说也是一个反向推动。自动化物流设备先进程度高，现代物流的水平相对应就较高。自动化物流设备的改进直接反映了现代物流技术的进步。

现代自动化物流设备的自动化程度非常高，主要表现在工厂对效益的追求，自动化能带来高效稳定的产出。虽然前期投资巨大，但后期人力成本的下降，以及行业竞争的加剧，都促使企业对自动化的设备加大采购力度，同时反向倒推自动化技术研究／设计向更先进的方向发展。

3. 物流涉及的技术

（1）计算机控制技术。计算机控制技术主要是对整个物流系统统一调度，对物料信息进行存储、识别等，下达生产调度任务、自动分配系统任务，保证系统自动运行。

（2）PLC 控制技术。PLC 通过程序的执行对现场设备的连续动作进行控制，包含单机控制、自动控制。

（3）自动运输技术。它是指自动运输设备将物料从投料段自动运输到指定位置。

（4）自动存取技术。自动存取技术是指自动存储设备执行计算机系统下达的搬运任务，自动识别并自动将货物从一个指定位置搬运到另一个指定位置。

（5）自动识别技术。自动识别技术就是应用一定的识别装置，通过被识别物品和识别装置之间的接近活动，自动地获取被识别物品的相关信息，并提供给后台的计算机处理系统来完成相关后续处理的一种技术。

（6）通信技术。通信技术是通过光纤、双绞线等采用 Profinet、Profibus、以太网等技术，将计算机下达的任务传达到现场 PLC，PLC 将任务传达到现场设备，检测元器件将执行情况反馈到 PLC。通信技术是整个物流系统的经络。

（二）物流基础理论

1. 企业物流系统理论

企业是加工制造产品或提供技术服务的一个经济实体。在企业日常运转中，由生产或服务活动形成的物流系统称为企业物流。

企业物流活动包括多层架构：①层级顶端为管理层，对企业生产过程中的物流活动进行规划、指导和管控；②控制层，主要执行对仓储物流里的具体事项的调度，特别是采购、原材料库存计划与控制、用料管控、生产计划与控制、成品库存计划与控制、订单处理和顾客服务等多个方面；③作业层，主要是用来完成物料转移，这种转移既包括进货运输、原材料储存、工厂装卸、打包、流通和加工，也包括在制品的储存、交货、运输以及成品存储等方面。

由此可见，企业物流活动几乎渗入生产工厂的所有活动和管理工作中，对企业的影响甚为重要。而通过企业的物流状况，可以看出一个企业的素质。

2. 精益物流理论

（1）精益管理思想是以最小的投入获得最大的产出，以消除浪费、提高效率为目标。精益物流是以精益思想和精益经营为指导的全方位物流模式，精益管理理论通过进一步提炼和总结丰田的生产方法，建立了一定的理论体系。精益管理内容不仅包括生产系统内部的操作和管理方法，还涉及系统开发、生产管理、成本控制等一系列企业活动。

（2）精益物流主要是以精益思想为导向，企业从不同板块实现精益运行的物流活动。随着供应链思想的发展，精益物流价值越发突出。在企业的物流活动中，企业通过精益物流管理消除浪费环节，持续优化企业物流。

（3）精益思想和精益意识是实施精益物流改善的基本条件。树立好精益思想，使得参与物流活动中的人具有良好的精益意识，为进一步的精益改善实施的各项举措奠定基础。

（4）通过精益管理优化物流。根据实际项目需要，提供高效的物流运输，同时逐渐降低物流服务过程中存在的不合理和滞后，持续增加物流服务过程的服务水平。

（5）确立精益物流的目标。精益物流的目标是对物流改善的方向指导，有了精益物流的目标，实施精益措施才有了反向，围绕着精益物流的目标才能更好地落实。

3. 价值流理论

物流活动贯穿企业生产并扮演着重要角色。从原材料到产品的流通过程中，存在三种流：①物流；②信息流；③资金流。三种流都和物流活动密切相关。物流活动不仅保障生产活动的连续性，还能降低生产制造成本。随着计算机软件技术在各个行业的应用，有软件公司专门针对物流过程进行研究开发软件调度设备，由此引出了价值流的概念，价值流是指相互衔接的、一组有明显存在理由的、实现某一特殊结果的一连串的活动。

价值流活动的具体体现包括产品流、信息流以及物流等方面，其中，产品流是指从概念构思、产品设计、工艺实现到生产交付的全流程；信息流是指用户需求、详细调度以及物流服务的总流程；物流是指从原材料到最终产品，并交付到用户手中的整体流程。正确认识价值流有助于理解物流过程中的每一步、每一个环节，并准确描述和分析公司的运营治理情况。

作为企业高效运作的关键，按照最优方式来连接各项具体工作步骤，有助于确保各项活动可以连续不断地流动而不中断，避免和排除等待而造成的价值顺利流动到具体实践之中。具体来说，明确流动过程和价值流动的目标，确保价值流动朝向正确；整合增值流中涉及的所有参与企业，摒弃单纯追求利润最大化的传统立场。以终端客户的需求为共同目标，共同探索最佳物流路径，以减少或肃清一切不创造价值的行为。

在精益物流模式下，价值流更多的是依赖于下游需求的吸引，而不是上游需求的催生，如果没有需求来拉动，上游产品的任何一部分都无法应用到生产之中，而如果给定了需求，则可以快速地生产产品和提供服务。在企业的运转过程中，在确保需求稳定且趋势可预测性强的前提下，实现精准生产预测。而当实践活动具有高需求稳定性和低可预测性，应采用精确反应和延迟技术，以缩短响应时间，提高服务水平。

对企业物流活动的每一次优化改进都将促进价值流的流动，后续也会发现新的问题而继续完善，这一过程将使企业物流的总成本不断降低，效率也得以不断提升，从而进入追求完善的循环中。

二、物流系统

物流即货物配送，如今，物流强调物质流通。换言之，物流的概念已经不仅仅要关注货物分配，还要考虑供应者、生产者、保管者、信息等方面内容，从而实现市场主体控制成本、提高经济社会效益的目标。物流系统是指在一定的时间和空间里，由所需输送的物料和包括有关设备、输送工具、仓储设备、人员以及通信联系等若干相互制约的动态要素构成的具有特定功能的有机整体。物流系统关注各功能单元的自身能力及效益，完成以物流服务为目标的整体能力和效益。同时，信息技术对其发挥重要的推动作用，强调物流资源深度整合和物流全过程优化，以最经济的成本，满足目标客户需求。

（一）物流系统的基本特征

"近年来，随着我国科学技术水平的不断提高，人们生活方式也发生了翻天覆地的变化，因此优化现代物流管理系统的优势是显而易见的。"[①] 在协同理论的指导下，以现代信息技术为核心，强化资源整合和物流系统各环节全过程优化，已呈现出新的特征。

1. 在时间上反应快速化

反应快速化不仅是物流系统企业的生命，更是现代物流业的核心竞争力。市场资源配置的多样性和客户需求的及时性，客观要求物流系统服务对采购、生产、配送的反应速度越来越快，必须要考虑库存成本、配送间隔、终端服务环节的成本和效益问题。只有对物流系统采购、生产、流通环节反应快速，才能保证物流服务前置时间、配送间隔、终端服务时间缩短，加大货品周围资料，提高物流系统服务效率和效能。

2. 在功能上表现为集成化

物流最主要的功能就是集体分配功能，物流系统更强调集成化功能，主要是将物流与供应链各环节进行系统组合优化集成，解决货物产品在空间上的位置转移、产品使用价值的增值、调节货品供需平衡的矛盾，使货物流通和商品价值进行集成、货物流通与货物流通之间进行集成、物流各功能进行集成等，从而实现物流系统的柔性化、一体化、社会化功能集成，为物流企业创造更高效益。

3. 在运载工具上体现为智能化

人工智能技术、自动化技术、信息技术的迅猛发展，使得现代物流运载工具智能化

---

① 郭翩. 现代物流管理系统的复杂性探讨 [J]. 经贸实践，2016（13）：152.

水平越来越高。无人系统中的无人机参与到物流系统运输方式中，使物流系统的运载工具越来越智能化，这对库存水平确定、运输路径选择、自动识别跟踪、自动分拣控制、各端配送中心的管理问题发挥重大作用。物流系统的智能化，更有利于发挥其识别感知、定位追溯、优化决策的功能，切实提高物流系统智能化水平。

4. 在服务商上体现为客户需求多元化

以市场（顾客）需求为中心的理念不仅是物流系统管理中的关键，更是体现物流系统多样性、精准性、个性化服务的体现。根据市场供应和需求的分析与预测，物流系统要考虑顾客所要求的可靠、安全、快捷、特殊、个性等多样化需求，优化多式联运方式，从而满足市场（顾客）对物流系统的需求。

5. 在运输方式组合上体现为复杂化

物流系统运输主要表现为海洋运输、铁路运输、空中运输、公路运输、管道运输。这些独立的运输方式既是一个独立单元，又各自有优缺点，如海洋运输成本低但速度慢；铁路运输速度快但灵活性差；航空运输速度快但成本大；公路运输灵活性强但运输距离受限；管道运输受损率低但货品单一。物流系统更强调同一货品采用多式联运方式实现货品空间上的转移和商品价值的转化，这就要充分考虑在供应链各环节，根据市场（顾客）需求，采用多式联运组合优化方式解决现实物流运输方式的复杂性问题。

（二）物流系统设计原则及流程

1. 设计原则

作为企业现代化管理的有效工具和手段，自动化物流系统可以提高企业物流作业的效率，促进企业物料实现快速、准确和实时地流动，其重要性不言而喻。因此，在开展自动化物流系统设计工作过程中，需要遵循以下原则。

（1）完整性原则。在自动化物流系统中，需要制丝原料物流的功能得到满足，确保生产的各项功能的完整性。根据实际的生产需要，进行系统的规划设计，保证出入库、货位管理、故障报警等功能都具备。

（2）可靠性原则。自动化物流系统的可靠运行需要确保一定的准确性和稳定性。原料物流系统能够准确反映企业当前的状况和定期活动，原料存储与物流的能力的强弱，直接影响企业的竞争力以及企业物流管理效益。自动化物流系统在软硬件环境发生故障的情况下，仍能部分使用和运行，系统能够高效稳定地执行物流任务，同时能够准备报出故障方便维护人员维修设备。

（3）经济性原则。整个物流系统的改造，具备较好的经济性，不浪费企业资金。能够实际最大效率地产生价值，使业的管理成本下降，人力成本下降。因此，自动化物流系统的设计成本必须在保证质量的情况下尽可能压缩。与此同时，自动化物流系统还要保证界面友好且易于操作，以便提升操作人员的工作效率。整个高架物流系统投入使用后，运行维护费用不应太高，节约开支。

2. 设计流程

首先，在自动化物流系统的设计流程中，从企业系统的现状、车间高架物流的应用需求、车间业务流程、仓储的应用环境等方面分析自动化物流系统开发的可能性，开展有针对性的概念设计和逻辑设计，并建立总体的实施规划方案；其次，分析高架物流库要实现的功能、生产需求和物流局限性，并提出可靠实用的系统方案；再次，进行系统的设计、实现和调试；最后，确定高架物流库系统目标，开展仓储功能分析，并对物流库的子系统和功能模块进行分类。明确生产数据处理模式，选择可兼容和支持系统的软硬件。

（三）物流系统的基本工作流程

自动化物流系统提供了高效仓储的解决方案，为现代化物流提供底层仓储支持。它是靠调度系统和管理系统自动控制立体高架库内的设备，完全自动化地存取原料的系统。

自动化物流系统是由高层立体货架、堆垛机、搬运工具、出入库系统、控制系统以及周边的设备组成的自动化系统。利用自动化高架物流，能够实现很多高效的仓储管理。该系统能够自动地检索统计单品库存，通过对单品库存编组关联，能够对多品牌系统的合计统计查询。在原料多品类的生产企业中，利用自动化物流能够对以前无法统计的库存进行大幅度改善。传统的仓储不包含计算机系统，只能查出单品库存量，在原料需求众多的时候，多种库存单品无法统计出企业生产余量。同时，传统仓储很多过期的原料都无法追踪查出。现代物流中的自动化物流为此提供了非常高效的解决方案。

自动化物流系统通过系统计算机调度、监控计算机显示、现场PLC有效地配合，完成了一系列按指令执行的任务。通过自动化物流系统完成企业生产制造中的原料运输与仓储管理。物料在输送过程中，由下位电控系统配合上位调度系统完成输送目的。先对下位电控系统中的光电管、计数器、扫码器、各个检测仪器等进行检测，由PLC控制电机启动器等输送装置将物料送到指定工位。同时上位管理服务器能够将生产投料数据或者物料调度数据上传给企业决策者。为企业决策者提供生产总况，保证正确调度生产。从而完成从市场订单到生产任务下达、原料存储、配送的全过程优化管理。

通常，自动化物流库采用堆垛机、立体货架、自动输送设备等。堆垛机在立体货架能够按照货位布置三轴移动，根据任务指令将物料从高架库货位取出放入，配合外围的输送站台，可以实现全自动无人作业，降低人工成本。自动化物流系统拥有调度服务器和管理服务器，能够整理仓储中的各项数据，降低仓储混乱信息，提高仓储地和原料运输效率。立体仓库外面利用穿梭车横向货运至站台、再由输送设备运输，包含了条码识别技术、堆垛机自动取放等先进的控制技术。利用物流信息系统管理，可以实现物料数据存储化、存储物料出入机械自动化，大大提高了存储有效率、让原料存储数字化。最关键是提高了作业数据准确率，降低了员工成本，能够在上位看到整个仓库的报表统计，让工厂数字化，同时能够深入生产一线为管理者提供管理的数据依据。

第二节　现代物流的功能与作用

一、现代物流的主要功能

现代物流的功能主要包括两部分：①现代物流的基本功能；②现代物流的延伸功能。

（一）现代物流的基本功能

1. 包装

包装就是为了在流通过程中保护产品、方便运输、促进销售，按一定技术方法而采用的容器、材料及辅助物等的总体名称。换言之，包装就是包装物和包装操作的总称。包装包括产品的出厂包装、生产过程中制成品和半成品的包装以及在物流过程中换装、分装和再包装等活动。商品包装处于生产过程的末尾和物流过程的开端，它既是生产的终点，又是物流的起点。包装的主要功能是保护商品、方便物流、促进销售以及方便消费。物流中的包装就是通过对销售包装进行组合、拼配和加固等，形成适合于物流活动的组合包装单元，以达到提高物流效率、降低物流成本的目的。

2. 运输

运输就是商品的载运和输送。作为物流活动的支柱之一，运输是物流活动的动脉，可以创造空间与时间价值。运输的基本方式有铁路运输、公路运输、水路运输、航空运输以及管道运输，不同运输方式的组合形成了联合运输。联合运输不仅有利于发挥不同运输方式的优势，而且可以提高运输效率、降低运输成本，进而方便了用户。

3. 储存

储存就是保护、管理、贮藏物品。正确地将物品存放在适宜的场所和位置，并对其进行保养和维护是储存的基本职能与要求。商品储存包含商品库存和商品储备，是一切经济形态都存在的一种经济现象。商品储存主要解决了社会生产与消费在时间上所存在的矛盾，创造了商品的时间价值。通过商品的储存可以提高运输效率、降低运输成本，更好地满足社会的需要。商品储存一般包括入库、保管以及出库三个阶段。储存数量是否最小，商品质量是否能够得到保持，储存的时间、结构与分布是否合理、费用是否最低是衡量储存是否合理的主要标志。

4. 装卸搬运

装卸就是物品在指定地点以人力或机械实施垂直位移的作业。搬运就是在同一场所内，对物品进行水平移动为主的作业。装卸与搬运经常是同时发生的，是伴随着其他物流活动，如运输、储存等而发生的物流活动。装卸搬运把物流活动的各环节紧密地衔接在一起，成为物流活动的连接点。在物流活动中，装卸搬运活动所发生的频率最高、作业所占的比例也很大，最容易形成对商品的损坏。对装卸搬运活动的管理主要是确定恰当的装卸方式，力求减少装卸次数，合理配置及使用装卸机具，做到节能、省力、减少损失和加快速度，以获得较好的经济效果。

5. 流通加工

流通加工是指物品在从生产地到使用地的过程中，根据需要施加包装、分割、计量、分拣、刷标志、拴标签、组装等作业的总称。流通加工是相对于生产加工而言的，指在流通领域，为更好满足消费需要、促进销售、方便物流作业，对物品进行一定程度的加工活动。流通加工的对象一般是进入流通领域的商品，大多是简单加工，目的在于完善物品的使用价值，并在不做大的改变情况下提高物品的价值。在实际过程中，要有效地发挥流通加工的作用、提高流通加工的效益，既要确定好流通加工的地点与方式，又要实现流通加工与配送、运输以及商流的有机结合。

6. 配送

配送是根据用户要求，对物品进行拣选、加工、包装、分割、组配等作业，并按时送达指定地点的物流活动。它将配和送有机结合起来，是一种特殊的、综合的物流活动方式，是商流与物流相结合，包含物流若干功能要素的一种物流方式。配送是面向终端用户的，更加注重服务性与时效性。一个完整的配送过程主要由配送信息、进货、储存、分拣与理货、送货以及交货等环节所组成。配送的要素主要包括物品、客户、车辆、人员、路线、地点、时间等内容。

7. 物流信息

物流信息是物流活动特征、内容、形式以及发展变化的反映，贯穿于物流活动的各个方面与环节，起着神经系统的作用。物流信息具有交易、控制、决策等功能。物流信息过程一般包括信息的收集与录入、存储、传输、处理和输出。要有效地发挥物流信息系统的作用，建立物流信息系统是非常重要的。物流信息系统一般包括进货信息系统、销售信息系统、储存信息系统、配送信息系统、运输信息系统、设备信息系统等。从经营的角度来考虑，它还包括客户信息系统、财务信息系统、人力资源信息系统等。

（二）现代物流的延伸功能

1. 便利性服务

便利性服务就是在物流活动中，以客户为核心，尽可能根据客户的需求为客户提供方便的服务。简言之，就是尽可能简化各种手续和操作流程，为客户节约时间和费用。对于物流企业来说，要实现便利性服务，不仅要对企业内部的业务流程等进行优化与升级，而且也要与其他物流企业进行联合，为客户提供全方位的物流服务。

2. 快速响应服务

快速响应包括两方面的内容：①及时地对客户的需求作出响应；②准确地满足客户的需求。快速响应是提高客户服务水平与客户满意度的重要因素。

3. 金融服务

金融服务主要包括：①为客户提供与物流活动相关的资金流服务，主要表现为结算功能，比如物流费用的结算；②在从事代理、配送的情况下，替货主向付款人代收货款等；③为客户提供相应的资金支持服务。

4. 咨询服务

咨询服务包括很多内容，比如物流市场调查与预测、供应商的评价与选择、采购及订单处理、物流方案的选择与规划、库存控制决策建议、教育与培训、物流系统设计与规划方案的制订等。

物流基本功能需要经验和实力，而延伸功能则需要智慧和创新。基本功能主要解决物流的运动问题，而延伸功能则更加重视价值的运动。基本功能是基础，而延伸功能则是增值。

二、现代物流对经济发展的作用

经济发展是多种因素共同作用的结果。物质资料作为人类社会经济活动最基本也是最为重要的因素之一，对社会经济的发展有着重要的作用。物质资料对经济发展的价值不仅取决于物质资料的数量与质量，而且也取决于物质资料运动的质量——物流活动的质量。

作为国民经济活动的一个构成方面，物流是国民经济活动的动脉之一，支撑着其他经济活动特别是与物质资料运动相关的经济活动的运行。从社会再生产过程来看，它不仅支撑着人类社会的生产活动，而且也支撑着人类社会的消费活动，并与交易活动特别是有形商品的交易活动息息相关。另外，物流效率的高低、成本的大小，也直接影响着其他经济活动（生产、消费、流通）的效率、成本以及实现程度。

（一）物流是国民经济运行的动脉

任何社会的经济，都是由众多的企业、部门、产业所组成的，这些企业、部门、产业分布在不同的空间区域，它们不仅进行着各种产品的生产，而且也消费着不同的原材料和产品，相互依赖又相互竞争，形成极其错综复杂的关系，在这些错综复杂的关系中，物流像血管一样，通过成千上万产品的流动，把众多不同类型的企业、部门和产业以及消费者有机地联系在一起，成为社会经济活动的动脉。

（二）物流是国民经济的重要组成部分

从物流产业与国民经济的关系分析：首先，从物流产业的基本组成来看，物流产业是国民经济的重要基础产业之一，交通运输业构成国民经济的重要动脉之一；其次，物流产业作为国民经济的一个构成方面，其经济总量直接构成了国民经济总量的一部分；最后，物流产业与国民经济其他产业的关联性，使物流产业对国民经济其他产业的运行有着重要的作用与影响。

（三）物流对社会生产与产业结构有重要作用

流通规模必须与生产发展的规模相适应，这是经济运行的客观要求。而流通规模的大小在很大程度上取决于物流效能的大小，只有物流发展到一定的程度，社会某些产品才可能进行大量生产与消费。比如，只有当运输发展到一定的水平，煤炭、水泥等量大、体重的产品才有可能发展成为大量生产和大量消费的大产业；又如肉类、奶类、蔬菜、水果等容易腐烂的产品，在储存、保管、运输、包装等物流技术尚未发达时，它们往往只能保存几天或十几天，超过一定的时间期限，就会丧失其价值。物流的这种作用不仅影响了社会生产的产品结构，而且进一步影响了社会的产业结构，对经济的发展起着促进和制约的作用。

从物流产业与其他产业的关联及支撑来分析，一方面，物流产业需要其他产业为其提供供给，对其他产业形成需求；另一方面，它也为其他产业提供供给，满足其他产对物流的需求。物流产业与其他产业的关联是由供给和需求所决定的，尽管这种联系的方向与方式可能因其他产业在产业链中的位置不同而存在着差异，但这并不影响物流产业与其他产业的关联关系。

从物流活动的特点及物流产业的特征来看，物流产业的关联产业不仅包括第一产业和第二产业，而且也包括第三产业的其他产业。因为，第一产业、第二产业和第三产业的其他产业部门，都存在着对物流产业的需求，而物流产业也为这些产业提供了服务。在环向关系上，物流产业与一些产业也存在环向的关联，这些产业一方面为物流产业提供产出，即物流产业对这些产业形成需求；另一方面，物流产业为这些产业提供服务，即这些产业形成了对物流产业的需求，可以与物流产业形成环向关联的产业重要的有运输设备、包装机械等产业部门。

（四）物流发展水平对经济增长与竞争力有促进作用

一般来说，一国的物流发展水平越高，说明该国经济增长的基础就越牢固，该国的经济竞争力就越强。物流成本是反映一个国家物流水平高低的重要指标，物流成本的高低直接影响着产品成本的高低，而产品成本的高低又直接影响着产品价格的高低。

第三节　物流管理与供应链管理

一、物流管理

（一）物流管理的基本职能

"现代物流在企业财务核算、内部管理和市场竞争等方面对企业的经营管理起着巨大的作用。"[①]物流管理活动是企业经营发展的重要组成部分，物流管理是降低企业成本的最后边界，是企业的重要利润来源。通过科学、系统化物流管理体系的构建，企业的物流成本能够得到科学控制，物流服务水平能够得到提升，基于对物流资源的合理分配，最终使物流对于企业经营发展的促进作用更加明显。所以物流管理可以定义为企业经营发展过程中，对于物流活动有计划、有组织，基于科学发展目标而不断调整与完善的过程。经过物流资源的合理分配，企业的物流效率得到保障，使物流业务活动对于企业经营发展的积极作用更加明显。虽然不同行业物流管理活动开展的具体内容不同，但是总体上来看，物流管理与企业其他管理内容一致，职能如下。

---

① 邹雄．现代物流在企业经营管理中的作用［J］．物流工程与管理，2022，44（11）：126.

1. 计划职能

在物流管理活动开展过程中，需要充分发挥自身的计划职能。计划对物流管理活动开展产生的指导作用非常明显，由于企业的物流活动开展是为主营业务的顺利运作所支持的，结合企业的发展战略来对物流设备及资源进行充分使用，使物流业务活动的开展能够更好地为企业实现发展战略带来帮助。所以在物流活动开展过程中，企业需要制订科学的物流管理计划。

2. 组织职能

组织职能是指考虑到物流业务活动的开展是一个复杂的环节，企业各个岗位的业务活动都会对物流活动产生影响，只有基于组织结构进行调整的物流管理模式才能够提高物流效率。同时，还需要将各个岗位的协作功能得到充分发挥，通过科学组织结构的设置及权责划分，让各岗位的工作人员更好地参与到物流管理活动中，提升物流管理水平。

3. 经济职能

物流管理体系的科学构建需要充分考虑物流业务活动开展对于企业经营发展产生的影响，借助科学的物流管理模式，使物流服务企业经济发展的能力得到进一步提升。作为企业的第三利润源泉，通过物流业务活动的科学开展及经济职能的发挥，企业相关业务活动的开展将更为顺利，对于自身综合收入水平的提升将带来积极影响。

4. 控制职能

在高效率物流活动的开展过程中，需要加强对成本及服务质量的控制。物流活动的高效率性体现在企业与上下游供应商及消费者之间转移过程的有效性，通过科学控制体系的构建，提升物流活动发展的规范性与有效性，最终实现对物流业务活动发展的充分支持。

（二）物流管理的内容及目标

1. 物流管理的基本内容

物流管理的内容构成比较复杂，各个物流环节的科学开展都会对物流效率及综合服务质量的变化产生影响。物流管理活动开展过程主要包含以下内容。

（1）对物流活动进行管理。物流活动的内容构成多样，包括运输活动、包装活动、储存活动、派送活动等，结合物流活动开展的具体需求而积极对各项活动进行充分监管，使各个环节的衔接更加充分，提高物流管理效率。

（2）对物流成本及费用进行充分控制。作为企业的第三利润来源，当企业的物流成本高居不下时，企业为支持物流业务活动所投入的资源将会造成企业的经营发展负担，同时物流成本的迅速增长也会使物流的收益性下降，所以应该结合物流管理活动开展的具体需求积极进行资源的有效分配，实现物流成本的充分控制。

（3）物流的服务管理。在物流企业及物流部门开展物流活动的过程中，通过高质量的服务能够更好地满足目标客户的需求。而且现代物流管理的重要评判标准就是能否提升目标客户的满意度，所以在物流管理工作中应该致力于提升物流的服务质量，使现代物流的作用得到充分发挥。

（4）物流的信息管理。在物流活动开展过程中将会产生大量的物流信息，通过物流信息的收集、整合与利用，能够及时判断物流业务活动开展过程中存在的不足及具体的改进方向，使物流管理的目标更加明确。

2. 物流管理的重要目标

物流管理的最终目的是在使用有限资源的基础上，既能够实现物流业务活动的目标，又能够提高物流效率，最终发挥物流的经济效益，使物流成为企业发展战略构成的重要组成部分。物流管理的目标分为以下四类。

（1）迅速反应。在物流管理活动开展过程中，需要结合市场竞争活动开展的要求及企业物流服务的需求变化而迅速做出反应，及时对物流内容及服务模式进行调整，这样才能够使物流管理活动的效果得到充分发挥。

（2）变异最小。在物流管理工作开展过程中，通过系统的改进或服务模式的改进很可能会造成物流服务内容产生变异。所以在管理工作的过程中应该尽可能实现变异最小，在物流管理得到改进的基础上，也不会对原有的物流系统产生较大的影响。

（3）流程改进。在物流管理活动开展过程中，需要构建科学的流程改进模式。各个物流流程对于物流管理活动开展产生的影响是比较明显的，结合物流活动开展需求而对管理流程进行重构与改进，能够使物流管理水平得到进一步提高。

（4）质量提升。企业在进行物流管理活动时，应该基于物流管理工作开展的需求而不断提升物流质量。借助信息化等技术手段对目前物流质量中存在的不足进行调整，使物流与企业的发展战略相匹配，更好地支持企业的经营发展。

（三）物流管理的理论

伴随着社会生产力的进步及信息技术支持能力的提升，在传统物流管理活动开展的基础上，现代物流充分实现了信息化、自动化、系统化及网络化，基于目标客户的需求提供高质量的服务。现代物流对于企业及区域经济发展的促进作用非常明显，而且现代物流区别于传统物流，不再单纯为企业的运输及配送工作服务，而是借助物流辐射范围的提升，使企业也能够对自身的市场营销战略及发展战略进行进一步的调整与改进，为企业的目标市场扩张带来帮助。所以物流管理体系的科学构建，对于企业的持续发展产生的积极作用是非常明显的。

1. 全面物流管理理论

基于物流活动开展的重要性，现代物流管理理论的内容日益丰富，其中比较有代表性的理论为全面物流管理理论。

在管理活动中，企业管理者往往会基于经营发展的需求而对某一个环节投入较多的资源。在传统物流管理模式下，该管理模式能够集中资源提升物流管理效率，对于物流活动开展产生的影响是比较明显的。而现代物流管理的内容构成比较复杂，同时每一个环节的充分衔接都会对物流管理活动的开展产生显著影响。所以在全面物流管理理论的要求下，企业进行物流管理与改进需要积极结合物流活动开展的各个环节，从物流运输、仓储、配送等角度来积极改进管理资源的分配，这样才能够使现代物流管理水平提升，更好地形成对物流管理活动的支持。

管理者应该结合物流管理活动开展的要求，树立科学的物流管理战略，明确物流管理战略目标，结合物流管理活动开展的全部环节而积极进行物流管理活动。这样才能够使物流管理效率提升，对于现代物流体系的构建产生积极作用。

2. 协同物流管理理论

伴随着物流经济的迅速发展，物流活动已经不局限于传统的运输及配送，而是结合企业经营发展各个环节的流通需求而构建的复合性管理体系，在该过程中只有各个部门形成充分协作，才能够提升现代物流的管理水平。

在协同物流管理理论中，企业应该结合物流管理的各个环节而积极进行调整，同时考虑到企业内各个职能部门对于物流业务活动产生的影响，立足于对组织结构进行调整，进一步发挥物流业务对于整个企业经营发展的协同功能。这样才能够使物流管理的效率得到提升，也能够通过物流活动来更好地串联企业经营发展的各个环节。

在现代物流管理活动的要求下，企业需要分析整个物流管理过程中的各个供应链及价值链间的相互关系。作为先进的管理方法，利用供应链管理基于价值最大化的需求而对物流活动进行调整，科学构建物流业务体系，为企业的经营发展提供充分的支持。

3. 物流外包管理理论

伴随着越来越多物流企业的成立，企业对于物流活动的专业性提出了更高的要求。虽然企业的独立物流与企业的经营业务贴合更加密切，但是独立物流的物流供给能力不足，而且企业也需要承担大量的资源来维持物流活动。伴随着全球经济一体化格局的逐渐形成，企业也需要通过国际物流等专业性物流供给模式的构建，更好地实现产品的远销。在此基础上，第三方物流企业能够结合市场需求而不断完成自身的业务结构。

物流外包是指企业结合自身经营发展的需求，将企业的功能与服务利用外部资源进行执行。通过外包业务的科学开展，企业经营发展的专业性能够得到保障，企业能够将优势资源应用于富有竞争力的业务中。而第三方物流发展的核心是第三方物流企业结合目标客户需求而提供的物流服务，其服务水平将直接影响第三方物流的综合竞争力。企业结合自身的物流需求针对性地与外部物流企业进行沟通，将属于自己处理的物流活动以合同或其他方式委托给第三方物流企业，并通过完善的沟通模式来保持对第三方物流业务活动开展的实时监管与密切关系，形成对物流活动开展的充分支持。

第三方物流业务的内容构成比较特殊，由于物流服务的提供方并非企业自身，也不是物流服务的最终用户，所以第三方物流所提供的产品不具有所有权，提供的只是单一的物流服务。但随着第三方物流的迅速发展，除传统的运输外包以外，仓储外包等多元化的外包模式逐渐形成，第三方物流对于企业经营发展产生的促进作用日益明显。

第三方物流的发展是建立在现代技术基础上的物流活动，信息技术能够使雇主与第三方物流企业保持对物流业务的时刻关注。雇主能够根据第三方物流信息的变化，判断第三方物流企业所提供的物流服务效率及综合服务质量。而第三方物流根据雇主所提供的相关信息，能够较好地判断自身的第三方物流业务发展方向。所以在第三方物流活动开展过程中，需要加强物流信息系统的建设。

第三方物流的提供者与客户方的现代经济关系是比较重要的，一般情况下，双方以合同为约束，根据客户方的第三方物流需求来提供专业的物流服务。但是由于物流是贯彻到企业经营发展的各个环节的，所以雇主与第三方物流的提供者会搭建持久的战略合作关系，第三方物流的管理者也会结合第三方物流活动开展的现实情况而为企业的经营发展出谋划策。所以第三方物流业务活动的科学开展能够使企业经营发展的科学性得到进一步提升，通过个性化及系统化的物流服务，第三方物流水平能够不断提升，未来第三方物流的市场需求巨大，是企业改进自身物流管理水平的重要途径。

（四）物流管理改进的方式

物流管理改进的内容构成比较复杂，结合物流管理活动开展的具体需要，物流管理的内容也需要不断进行调整，这样才能够通过高效率的物流服务模式来更好地支持企业的物流管理体系。物流管理改进一般需要从以下方面入手。

1. 组织改进

物流组织改进能够使物流管理的效率得到提高，结合物流活动开展的具体要求对组织结构进行重构，对于原有的冗余环节进行相应的调整。这样不但能够使物流管理的权责得到科学分配，同时通过独立部门的构建，也能够进一步提高物流管理水平的专业性。各个岗位的工作人员通过组织结构的变化，进一步了解到自身在物流管理活动中应该扮演的角色及发挥的作用，对于物流管理水平的提升将带来支持。所以现阶段越来越多的企业都通过建立独立物流部门的方式，积极形成对物流业务活动的有效支持。

2. 仓储改进

仓储管理是物流管理活动的重要组成部分。通过仓储管理的改进，企业的物流中转效率能够得到进一步提升，综合仓储成本也能够得到科学控制。仓储改进一般包括科学进行仓储选址或对仓储的盘点及出入库等管理模式进行调整与改进。仓储改进管理能够使仓储业务活动得到科学开展，对于物流业务的支持效果也更加明显，特别是部分企业如农产品企业对于冷链物流等业务活动的需求提升，通过冷链等现代技术的应用，仓储改进将成为企业物流管理改进的核心内容。

3. 外包改进

伴随着全球范围内第三方物流业务的迅速发展，第三方物流体系的科学构建能够使企业借助有效的物流外包方式，提升物流管理活动的有效性。企业结合自身物流活动开展过程中所遇到的问题及瓶颈，针对性地选择物流外包模式，将物流业务托付给专业化的机构进行服务。通过物流外包管理体系的有效构建，外包成本能够得到有效控制，借助外包也能够提升物流管理水平，对于物流管理活动的科学开展将产生积极影响。

4. 信息改进

物流管理改进活动的开展需要充分的物流信息来进行支持，所以结合物流管理活动开展的需要，企业需要构建科学的物流信息管理系统。在信息管理系统中整合物流管理信息及上下游供应商的供应量信息，基于充分、统一的数据信息分析模式来对物流管理工作开展的具体情况进行充分的整合与判断，使物流管理活动的进行得到充分的数据信息支持。

二、供应链管理

（一）供应链与供应链管理的内涵

1. 供应链的内涵

20 世纪 80 年代，供应链这一概念首次被提出，人们对于供应链的认识在不同的社会发展阶段有不同的理解。总的来说是从点到面，从局部到整体的一个发展过程。供应链客观地存在于社会和人类的生产生活中，属于一种链式结构。生产—加工—配送是每一个生活必需品从无到有，直到传递给所需的人手中的一个完整过程，在这一过程中包含了很多物资的消费和制造，以及服务等非实体物件的生产。供应链是一个过程，主要包含了产品的生产、运送、出售和消费等。

在 20 世纪 90 年代，人们认为供应链的起点是产品的生产，而最终的目的地是消费者，其有效地把材料提供方、生产企业和销售方以及最终的消费者之间相互关联起来，关联的过程和方法是增加产品的附加值以及控制产品分销的渠道。另外还有一种说法是，原材料供应商才是供应链的开始，并不是企业自身，其是从材料供货方购买取得材料之后，在企业内部进行一定的加工，从而产生最终的产品，最终依靠外部的分销渠道向消费者传递产品的一个完整过程。

在社会经济的持续发展中，研究者们不再仅仅局限于企业内部，而是开始关注企业与各个行业之间的关系，重视其自身的行为对于周边环境的影响作用，在这个研究阶段，人们认为供应链是从产品的生产到被消费者消费的一个完整的过程，每通过生产链上的一个环节，就会使产品的附加值提升，进一步增强产品自身的价格，创建一个完善的体系。这种说法演变成，供应链是一种提升产品价值的体系，主要包含了材料供应方、生产方和销售等，提升产品自身价格的最重要条件就是材料，原材料经过每个生产环节的加工，其自身的价值都会得到提高，这整个过程共同组成了一个完整的体系。

随着人们对供应链的研究热情不断增高，如今研究者们开始侧重于研究其在企业之间的联系，并定义了网链这一概念，网链是很多企业管理供应链的基础。21 世纪初，人们把供应链看作是一个组织网络，经过该网络的每一个环节的原材料开始向成品转变，并且自身价值不断得到提升。在整个供应链中供应商、制造商、分销商以及最终用户被相互关联。这与别的企业运营构造有着较大的不同，从而进一步使得覆盖的范围迅速扩张。供应链不仅是一种提升产品自身的价格的体系，还是一种资料和数据的传递体系，其中的各个流程都对其价格有着较高程度的提升，从而使企业获得了大量的利润。

2. 供应链管理的内涵

在以往的认知中，供应链有两个特点，分别是自发性和松散性，供应链中的每个企业之间都没有良好的沟通，只以自我为核心。过去，供应链这一模式并没有暴露很多缺陷是因为市场竞争相对来说并不激烈，然而随着社会经济不断高速发展，市场竞争开始逐渐激烈，为了面对全新多变的市场形势和更多的需求，让企业可以顺应社会经济的发展，人们不得不对供应链运行模式进行改进。所以，人们开始逐渐意识到要获得不错的业绩，形成相应的理念，进一步关注相应的工作实施状况。

不同时期、不同国家受到不同因素的影响，对于供应链的定义都千差万别，没有形成一个统一的供应链管理概念。为了尽量满足市场上已有的需求，并且降低不确定性的风险，人们在对供应链的管理过程中不仅仅关注其中某一个环节的企业，而是要全面关注整个供应链上的活动。供应链以原材料供应商作为源头，最终将产品传递给消费者，属于一个集成化的业务流程，可以向最终的用户提供具有很高性价比的信息、服务与产品。供应链管理的定义是运用互联网技术对其制订完善的实施方案和计划，同时对其进行计划、组织、协调和管控。相应的理论和概念模式，对于整个运行的过程有着较大的管控能力。由此可知，人们普遍认定物流、信息流、资金流是供应链管理的管理对象，并且认为供应链是通过集成或系统的方式在一定时间内在保证低成本的同时满足消费者多变的需求。

（二）供应链管理的基本理论

供应链不单单对于企业自身发展有着巨大的影响，还对于市场中大量企业的发展方向有着一定的引导作用。这一理论能提高企业的利润，实现共赢。该理论侧重于各个企业之间的紧密合作，对于其中各个流程和环节进行统一管理，进一步提高企业的运行效率。运用这一理论，人们能把各个企业进行紧密联合，对各个企业的生产方向进行整合，降低各个企业之间的产品库存，提升资金的流动率。运用高效的管理方案，进一步提升企业之间的资源共享，提高自身的生产效率和产品水准。这不仅使得顾客对企业有较高的认同，还进一步降低了企业自身的生产成本，使企业获得大量的利润，可以保证供应链实现最佳的运行流程，形成一个良性循环。

1. 合作关系管理理论

合作关系管理理论不仅包含了对于各个企业之间的联系，还包含企业和顾客之间的关系，其侧重于供应链中各个企业之间的紧密合作。如果企业和供应方有着较为良好的合作关系，就会使得自身的生产成本大幅度下降，运用较少的资源获得较为优良的原始材料，提升了材料的品质。如果企业要开发新的业务或者项目，可以和熟悉的供应方进行联系，获得他们的支持和帮助，进一步使得自身企业的开发具有一定的资金保障，提高产品的水准和品质，进一步提升顾客对于企业的认同。

此外，企业和供应商之间有着良好的合作关系，使自身对于客户的需求有着迅速的反应速度和提供较高的服务水准，要以顾客的需求作为首要目标，所以客户对于企业的认同就是其自身发展的重要条件，这进一步使得企业尽快满足客户的需求，并且降低自身的生产成本，提高资源的利用率，降低企业坏账发生的可能性，获得大量的利润。

2. 资源共享理论

供应链中各个流程中触及的企业都要进行紧密合作，对于信息、数据、材料的共同分享，是对于供应管理方面发展的前提条件。只有准确和精准的数据以及资料在其中进行传递的时候，才能使得企业的领导者对于企业的发展进行一定的规划。准确的信息其实就是指不同企业对自身的生产计划、销售规划、客户需求度进行一定的整合，并且和其他企业进行分享，降低企业在运营方面出现较大问题的概率。在企业开发新的项目和工程时，不同的供应商可以对企业进行一定的帮助和支持，由于其自身对于材料有着深入的了解，因此可以进一步提升企业内部工作人员开发新项目的进度。合理运用资源的共享机制，进一步使得各个企业共同获得较大的利润，实现共赢，并且有着一同承担经济风险的观念。

（三）供应链管理的重要目标

1. 加速现代流通方式的创新

在完整的供应链管理中，不仅是上游企业要不断创新，下游企业也不能放松，只有彼此都达到最佳状态方能有效稳定供应链体系，创造新的利润源。一方面，上下游企业可以通过信息共享，达成双赢局面，使社会资源配置最优化，总和成本最小化；另一方面，通过达成战略合作，减少甚至避免企业之间的恶性竞争，最大化各个企业、供应链体系和全社会的效益。

2. 促进现代生产方式的发展

供应链管理加速发展了现代流通方式，相反，它同时也促进了中上游对现代生产方式水平的发展。如今供应链管理已经逐步发展成在企业核心竞争优势下，依靠高新信息技术手段，实现采购、生产、销售一系列流程全球化的局面。

3. 改变现代社会竞争的方式

在传统生产流通方式下，竞争主要体现在同行业、上下游企业之间的竞争。这样的竞争环境会逐渐破坏生产流通的秩序，使企业效益随之降低，缩短了产品的生命周期。而现代的供应链流通方式，使得上下游形成合作战略关系，竞争关系由原来的企业间的竞争转变为供应链间的竞争，更有利于产品的发展，对行业发展也能产生正向的影响。竞争现象本质上代表的是组织和管理方式的现代化程度，促进了社会现代化程度的逐步提升。

（四）供应链管理的基本组成

从理论上分析供应链管理的话，它是现代经济市场汇总的一种管理模式，在满足客户各项需求的前提下，有效调整原料供货商、生产企业、物流仓储等多个环节，力求最大限度降低供应链成本，确保产品能够顺利完成生产、运输和销售的一整套环节。现代供应链管理由以下部分组成。

1. 计划

计划指的是供应链管理的统筹策略性的步骤。为了充分满足客户对产品的需求、管理企业所有资源，需要提出更好的策略。理想的计划是建立监控供应链的一系列方法，使之能够更高效、低成本地为客户提供更优质的产品和服务。

2. 采购

采购其实是供应链实物流的最初的起点。生产企业需要选择合适的供货商来为产品和服务奠定生产前基础，并进行监督和优化管理，结合提取货物、商品核对、转发到其他部门和支付货款等有关环节。

3. 制造

制造是供应链管理中生产制造内容不可缺少的一个环节。生产制造涵盖了产品的生产、产品的测试、产品包装的指定和产品配送等诸多流程。在完整的供应链管理体系中，制造不但涉及的活动数量最多，同时也是事关终端产品品质的关键所在。

4. 配送

配送指的是供应链管理中实现对目标客户进行订单交付的环节。这个环节需要制定收据、安排仓储物流和配货、确定终端产品的价格及收取目标客户支付的货款。

5. 退货

退货指的是在供应链管理中已经生产完成并成功售出到客户手上的产品退回的一个流程，借助完整的售后体系可以回收存在品质问题或不被客户喜欢的产品，同时快速应对客户的所有问题。

（五）供应链管理的主要特征

第一，企业重视客户的需求。供应链管理的目的是满足客户需求，提供较高的服务水准。

第二，供应链中各个环节所涉及的企业之间具有合作关系。从企业之间的联系进行分析，对于原始材料进行一定的改造，形成最终的产品，并最终将把产品送到消费者手中，这个过程中包含了企业采购、生产、销售等各个流程，如果其中一个流程出现了较大的问题，不单单对于企业自身的生产运营有着较大的消极作用，还使得之前的各个流程出现无效的情况，进一步使得顾客对企业的赞同感降低。所以各个流程中的部门进行相互合作是企业发展的基础。

第三，集中管理是前提条件。随着目前高科技的不断发展，集成化管理开始变得必不可少。在互联网技术的高速发展下，条形码技术、二维码技术等高科技的产生对这方面的管理有着较高的作用，助力企业发展。因此，企业可以从客户的需求方面进行探究，提升客户的认同感，运用网络技术对其进行服务，进一步降低自身生产成本，对资源进行充分利用。

如果想要对这一方面实施有效的管理，企业的领导者就要突破自身企业的束缚，开发新的客户，对相应的理论及概念有着较为深入的了解，拥有较高程度的管理资金，在将成本控制在最低的情况下向消费者提供更高的价值。

对供应链的管理本质上是系统地将物流、资金流以及信息流进行管控，以这一本质作为管理的前提条件，和客户有着紧密的联系，进一步节约自身生产成本，提升客户的体验感，提高客户的认同感。

供应链管理就是对原材料的获取、企业自身的生产规划、运输、客户自身的需求进行高度融合并管理；供应链管理的本职工作是对生产计划进行同步和集成化的管理，运用高科技技术使得顾客对于企业有着较高的赞同感，对于企业自身的运输以及销售水平有着显著的提高，进一步降低企业自身的生产成本，并提升顾客对于企业的认同，使得企业获得巨大的利润。

（六）供应链管理的重要要素

在社会经济的不断发展中，人们对供应链的理论和概念也在进行深入的探究，学习成功的管理经验，并对其中的各个流程进行把控，才能使得供应链的作用得到完美展现。

1. 战略性要素

对供应链管理来说，其自身就是一个具有高度规划和计划性的管理，对于企业领导者有着较高的要求，促使其运用相应的管理技巧和方式提高企业自身的收益。这一方面的探究主要关注企业自身的利润，进一步提升企业的效益。

2. 协调性要素

尽管在供应链上有着很多的供应方，但是最终的目标却只有一个：使得顾客对于产品有着较高的评价和认同。在这一目标的作用下，企业内部各个流程的部门要进行紧密的合作，提升企业自身的运营效率，进一步提高自身提供的服务水准，增强自身的发展潜力。

3. 互补性要素

各个企业之间不仅要紧密合作，还要有着较高的互补性，对于自身的业务要进行钻研和探究，开发出适合自身的实施方案。企业要明白一个道理：供应链需要自己，自己也需要供应链。不同企业之间有着较高的互补性，为自身获取更高的利润。

4. 简洁性要素

企业要尽力满足客户的需求，提高自身的服务水准和反应速度，这就要求企业对自身的制度以及政策进行优化。对于供应方，企业要进行严格的挑选，并不断地对自身进行提高。

5. 动态性要素

在不断发展的社会中，一切都存在着较大的可变性。客户对于企业生产的产品有着不同的要求，这就对供货商有着持续变化的需求，企业的生产带来了巨大的可变化性，提升了企业进步的难度。因此，企业要不断优化自身的生产体系，提升自身对于市场变化的敏感度，降低因为信息而造成的经济损失，对于客户的需求有着较深程度的理解和认知。

6. 创新性要素

这一要素本质上是一种对企业进行创新的管理方式以及计划，企业要符合创新条件才能对这一要素充分利用，进一步提升自身的效益。和老旧的管理方式相比，我们要以供应链作为研究基础，把不同的企业进行整合，充分发挥各个企业的优势，进一步完善这一要素。

（七）供应链管理的注意事项

一套完整的供应链管理对涉及的所有企业，不论是原材料供货商，还是产品制造商、分销商和零售商都可以进行优化，来实现生产、分销流程，将生产资料高效增值形成产品，送达消费者手中。通过集成式的管理，减少中间成本，降低社会库存，从而使社会资源得到高效利用和配置。相比于传统的管理，供应链管理充分利用发达的现代化网络，有效结合产品的生产和销售环节。生产企业要把控好企业资金流、现代物流管理和现代信息流，力求让消费者购买到合理产品之余，又能确保自身的利润点。完整而又有效的供应链管理需要注意以下方面。

1. 围绕顾客需求

获取最大利益是供应链管理的终极目标，这就要求各个环节的企业要满足客户的各项需求。简单来说，供应链管理的出现是建立在为客户服务之上，进而发展出这一系列产业供应链。不同客户有不同的需求，一套完整的供应链系统不能脱离客户实际需求，而是要以此为核心向外延伸拓展。

2. 强调竞争优势

在供应链管理中，在企业内部、外部资源非常有限的情况下，要使企业在各方面都能具有竞争力难度比较大，所以强调企业的竞争优势就变得尤为重要。企业要想在竞争激烈的市场上占据一席之地，需要仰仗的便是自身核心竞争力。企业核心业务发展如受到其他业务影响时，需要将这些业务外发出去，这样形成的有效供应链管理才能让企业在市场竞争中占据主导地位。

3. 促进双赢合作

在传统企业的运营管理模式中，供、销型企业没有较强的相关性，反而往往是一种竞争敌对关系，从整体系统的角度来看，协调性不强。当经销商与供应商没有保持一致的步调，产品的产销没有进行统一规划，不平衡的产销关系就会导致双方企业整体运营效率下降，缺少协作和战略联盟，通常只能做出短期决策，最终导致各大供应商间开展一系列价格战，摧毁原有的合作基础。供应商和经销商两者间的关系并不是一成不变，彼此间合作的好或者不好其实深受多变的市场影响。但是，在供应链管理系统中，供应、销售一体化，所有供应链条上的成员企业受益与否全都取决于顾客是否最终会选择最终的产品。因此，合作决定了不同供应链之间的竞争关系，是影响供应链竞争的关键。

4. 优化信息流程

优化供应链管理，需要切实按照供应链自身特点优化企业各项业务流程，最终让各个环节的企业都拥有对信息流、货物流的独立处理能力和协调能力。而在信息流程方面，需要实现整合供应链的数据信息库和信息集成系统，从而实现多个企业之间统一协调关键数据的集成，比如对生产计划、库存量状态、订货批量的预测、运输情况、缺货信息等数据的集成。

第二章　物流过程及其管理

第一节　运输及其合理化

运输是物流活动的中心环节之一，它承担着改变物的空间状态的主要任务，同时也是改变物的空间状态的主要手段。但是，运输作业只有辅以仓储、装卸搬运和包装作业的共同作用，才能够圆满地完成物流的全部任务。

一、运输的功能与要素

运输是人和物的载运及输送。在物流过程中，运用各种设备和工具，将物品在不同地域范围间进行运送，以改变物的空间位置。

（一）运输的功能

在物流中，运输主要有以下两个功能。

1. 产品位移

运输的主要功能是将产品从原产地转移到目的地，实现产品在空间上的移动。运输通过改变产品的地点与位置而创造出价值，这就是空间效应。另外，运输使得产品在需要的时间到达目的地，这就是时间效用。运输的主要目的就是要以最少的时间和费用完成物品的运输任务。

2. 临时储存

对产品进行临时储存也是运输的功能之一，即将运输工具作为临时的储存场所。如果转移中的产品需要储存，而在短时间内产品又将被重新转移的话，卸货和装货的成本也许会超过储存在运输工具中的费用。这时便可以考虑采用此法，只不过产品是移动的，而不是处于闲置状态。

（二）现代运输的要素

现代运输必须具备动力、运输工具、运输通路、通信设备这 4 种要素。现代运输较传统运输的运量增大，速度更快，只有这 4 种要素有机配合，成为一个完整的体系，运输才能发挥最大的作用。

1. 动力

动力包括自然动力（风力、水力、人力和畜力等）和人工动力（蒸汽力、石油燃烧动力、气体燃烧动力、电力和核能等）两种。

2. 运输工具

物流运输工具是指在物流运输线路上用于装载货物并使它们发生水平移动的各种设备。运输工具也有自然运输工具和人工运输工具两类。自然运输工具本身为动力的来源，如马匹驮运货物。人工制造的运输工具主要包括公路车辆、铁路车辆、船舶、航空器等形式。

3. 运输通路

运输通路主要有陆路运输通路、水路运输通路、空路运输通路三种。

4. 通信设备

现代运输多采用人工动力，海量运输、效率高、范围广、危险性高，与通信设备一刻都不能脱离，如先进的定位系统、无线电技术、多向导航设备、测距设备、自动导向仪和自动降落设备等都是重要的通信设备。

二、运输方式及选择

现代交通运输方式很多，如铁路运输、公路运输、航空运输、海运集装箱及海运散货船舶等。在实际运输中，选择哪种运输方式是物流系统决策中的一个重要环节，同时也是物流合理化的重要内容。

（一）运输方式

运输方式主要有 5 种，它们分别是公路运输、铁路运输、水路运输、航空运输和管道运输。这些运输方式各有特点，它们相互协调、相互配合，同时也展开竞争，共同构成整个国民经济的运输系统。

1. 公路运输

公路运输的运输工具主要是汽车，也可以使用其他车辆在公路上进行客、货运输。公路运输的特点是灵活（空间、时间、批量、运输条件、服务），运输产生点多、面广，可以实现"门到门"。其不足表现为运输单位小，产生不了大批量运输的效果，且动力费和劳务费较高，特别是在长距离输送中更为明显；此外，汽车会引起噪声、废弃的公害、污染环境等问题。

2. 铁路运输

铁路运输是使用铁路列车运送客、货的一种运输方式，主要承担长距离、大数量的货运。铁路运输的优点是：很少受天气影响、安全、中长距离运货运费低廉、运输批量大、可以高速运输、节能。其不足主要表现为：短距离货运的运费昂贵、货车途中作业需要时间（这可以从以下的货运业务流程中反映出来）、运费没有伸缩性、不能实现"门到门"、车站固定不能随处停车、货物滞留时间长、不适宜紧急运输。

3. 水路运输

水路运输是使用船舶运送客货的一种运输方式，主要承担大批量、长距离的运输。水路运输的特点是运量大、占地少、节省能源、运费低等，其不足表现为速度慢、受自然条件的影响和限制。

水路运输有海运和内河运输两种形式。

4. 航空运输

航空运输是使用飞机或其他航空器进行运输的运输方式。航空运输的单位成本很高，主要适合运载两类货物：一类是价值高、运费承担能力很强的货物；另一类是紧急需要的物资。

航空运输的特点是速度快、机动性大、舒适、安全、基本建设周期短、投资少等，其主要缺点是飞机机舱容积和载重量都比较小，运载成本比地面运输高。气象条件对飞行的限制影响了飞行的正常和准点性。此外，航空运输速度快的优点在短途运输中难以得到充分发挥。

5. 管道运输

管道运输是利用管道输送气体、液体和粉状固体的一种运输方式。管道运输的工具本身就是管道，它是运输通道和运输工具合二为一的一种专门运输方式。

管道运输的优点主要表现为无回空运输问题、不受地面气候影响、可连续作业、运输的货物不需要包装、货损货差率低等；其不足为运输货物仅限于液体和气体货物、灵活机动性小、一次性固定投资大。

（二）运输方式选择的考虑要素

各种运输方式都有各自的特点，不同类的物品对运输的要求也不尽相同，如何选择适当的运输方式是合理组织运输、保证运输质量、实现运输合理化的重要内容。

运输方式的选择受到货物种类、运输量、运输距离、运输时间、运输成本、运输工具的可得性、运输的安全性等多种因素的影响。

1. 货物的种类

货物的价值、单位重量、体积、形状、危险性、变质性等都是影响运输方式选择的重要因素。一般来说，价格低、体积大的货物，尤其是散装货物，比较适合铁路运输或水路运输；重量轻、体积小、价格高以及对时间要求较高的鲜活易腐货物适合航空运输；石油、天然气、碎煤浆等适宜选择管道运输。

2. 运输量

运输量对运输工具的选择也有重大影响。一般来说，15吨以下的货物宜采用公路运输；20吨以上的货物宜采用铁路运输；数百吨以上的粗大笨重货物，可选择水路运输。

3. 运输距离

运输距离的远近决定了各种运输工具运送货物时间的长短，运输时间的长短对能否及时满足顾客需要、减少资金占用有着重要影响。所以运输距离是选择运输工具时应考虑的一个重要因素。一般情况下，运输距离在300公里以内宜采用公路运输；300～500公里可采用铁路运输；500公里以上的可采用水路运输。

4. 运输时间

运输时间与客户要求的交货日期相联系，与运输企业的服务水平相联系。客户要求的运输期限不同，或运输企业为客户承诺的运输期限不同，就需要考虑选择不同的运输方式。如对于市场急需的商品，承运人必须选择速度快的运输工具，如航空或汽车直达运输，以免贻误时机；反之，则可选择成本低而速度较慢的运输工具。

5. 运输成本

运输成本会因货物的种类、重量、容积、运输距离不同而不同，而且运输工具也会影响运输成本。运输成本的高低将直接受到不同经济实力的运输企业承受能力的制约，并直接影响企业经济效益的高低。

6. 运输工具的可得性

由于时间、地点条件的限制，不是所有承运人都能很容易地获得所需的运输工具的。例如，将木材从大兴安岭运到北京，采用水路运输是最经济的，因为木材是散装的，不需要专门的保护，而且能容忍较长时间的运输。但是大兴安岭没有水路，因此，只能通过汽车运输到火车站，然后通过铁路运到北京。

7. 运输的安全性

运输的安全性包括所有运输货物的安全、运输人员的安全及公共安全。货物的特征以及对安全性的要求直接影响到运输工具的选择。同其他运输方式相比，载货卡车由于不需要中途装卸和搬运，所以它能够更好地保护货物的安全。

8. 其他影响因素

运输方式的选择除了受上述列举的因素影响外，还受法律环境、经济环境、社会环境的变化等因素的影响。例如，随着物流量的增大，噪声、振动、大气污染、海洋污染、交通事故等问题日益严重，政府为了解决这些问题而制定的法律、法规相继出台，并日益严格。

对于托运人和承运人来说，上述各种因素的影响是不同的。在具体的运输业务中，承运人对运输方式的选择，可根据货主或托运人的要求，参考比较不同运输方式的不同技术经济特征进行最优选择。由于上述因素是相互关联、相互作用的，所以，在选择运输方式时应该综合考虑和协调各种影响因素的关系。

（三）运输方式选择的决策方法

运输方式选择包括单一运输方式选择和联运选择。在运输方式选择时，可以根据运输环境、运输服务的目标以及其他多方面的要求，运用定性分析法和定量分析法进行分析判断。

1. 运输方式选择的定性分析法

如前所述，公路、铁路、水路、航空和管道运输5种基本运输方式各有自身的优点和缺点，影响运输方式选择的因素有货物特性、运输批量、运输距离、运输时间和运输成本等，所以在实际中可以此为依据，结合企业实际情况和运输市场环境，进行综合比较和分析，选择最为合理的运输方式或运输方式组合。在其他影响因素较小、可以不予考虑的情况下，也可以就某一方面进行比较，选择合适的运输方式。

选择运输方式时，还应当考虑到发送方式。不同的发送方式不仅运输费用相差较大，而且运输安全程度和在途时间差别也很大。如铁路运输有整列、成组、整车、零担、包裹等发送方式，成组、整车运输由于配车编组使得在途停滞时间长，而零担、包裹运输费用则较高。

2. 运输方式选择的定量分析

运输方式的选择应满足运输的基本要求，即经济性、安全性、迅速性和便利性。定量的方法有很多种，但由于运输问题影响因素复杂，很难用一种计算结果来决定。

由于运输对象、运输距离和货主对运输时限要求不一样，对经济性、安全性、迅速性和便利性 4 个方面的要求程度也不同，因此可以采取综合评价方法进行选择。即从以上 4 个方面出发，将其作为运输方式的评价因素，分别用 F1、F2、F3、F4 表示。由于这 4 个因素不可能同等重要，应通过给每个因素赋予权重加以区别。各因素的权重设为 b1、b2、b3、b4，则运输方式的综合评价值 F 为：

$$F = b1F1 + b2F2 + b3F3 + b4F4$$

（2-1）

采用综合评价方法进行运输方式选择的具体步骤为：首先，确定运输方式的评价因素。根据运输系统的目标要求，可以选择运输方式的 4 个因素对各个运输方式进行综合评价与选择；其次，确定各评价因素的值及其权重；最后，确定运输方式的综合评价值并最终选择合理的运输方式。

此外，成本比较选择法也是运输方式选择的一种定量分析方法，它主要是根据不同运输方式在一定的运输环境条件下所花费的成本的高低来进行评价与选择运输方式。在选择运输方式时，运输费用、运输速度以及与之相关的库存费用等方面会相互影响、相互作用。因此，应该综合考虑运输速度、运输费用、库存费用等方面形成的总成本的高低以及其他等多种因素的影响，寻求运输成本最低的运输方式或运输工具。

三、运输合理化

运输合理化是物流系统化的重要内容。物流合理化可以理解为物流活动在成本、效率、效益、服务质量等方面尽可能地最优化。由于运输是物流中最重要的功能要素之一，因此物流合理化在很大程度上依赖于运输合理化。

所谓的运输合理化，就是在实现货物从生产地至消费地转移的过程中，充分有效地运用各种运输工具的运输能力，以最少的人、财、物消耗，及时、迅速、按质、按量和安全地完成运输任务。其标志是运输距离最短、运输环节最少、运输时间最短和运输费用最省。运输合理化是实现系统优化的关键问题。

运输合理化的有效途径包括以下六点。

（一）合理配置运输网络

在规划运输网络时，应合理配置仓库、物流中心、配送中心以及中转站、货运站、港口、空港等物流节点。例如，企业为了确保市场占有率，就需要考虑利用多少个仓库、配送中心，以及配送中心、仓库如何布局，密度多大，相距多远。企业对这些问题都需要整体规划，提高运输效率。

（二）选择最佳的运输方式

由于铁路、公路、水路、航空、管道等运输方式各具特点，所以在货物运输中要根据实际情况选择适宜的运输方式。例如，长距离、大批量的货物运输宜采用铁路或水路运输；小批量、多品种、近距离的货物运输宜采用公路运输；体积小、价值高的货物运输和紧急救灾、抢险物资的运输适合航空运输方式。在中短距离运输中，可以实施铁路公路分流和"以公代铁"运输。

（三）提高车辆运行效率

努力提高车辆的运行率、实载率，减少车辆空载、迂回运输、对流运输、重复运输、倒流运输现象，缩短等待时间或装运时间，提高有效工作时间，从而可以有效地促进运输的合理化。提高运输工具实载率是运输合理化的一种有效方式。

运输工具实载率包括两方面含义：一是单车实际载重与运距之乘积和标定载重与行驶里程之乘积的比率；二是车船的统计指标，即一定时间内车船实际完成的货物周转量占车船载重吨位与行驶公里乘积的百分比。

物流系统的配送和车辆配载是提高车辆实载率的有效方式。在实际运输工作中，在一定基础设施条件下，提高运输、增加运输能力的具体做法还有以下几种。

1. 铁路运输的满载超轴法

满载超轴法的"满载"就是为了充分利用货车的容积和载重量，多载货，不空驶。"超轴"就是在机车能力允许的情况下，多加车皮，增加运输量。如我国在客运紧张时，采取加长列车、多挂车皮的办法，在不增加机车情况下增加运输量。

2. 水路运输的拖排拖带法

水路运输的拖排拖带法指在竹、木等物品的运输中，不用运输工具本身的动力消耗，或者将无动力驳船编成一定队形（一般是纵列），用拖轮拖带行驶，加大船舶的运载能力。

3. 内河运输的顶推法

内河运输的顶推法就是将内河驳船编成一定队形，由机动船顶推前进。其优点是航行阻力小、顶推量大、速度较快、运输成本低。这是我国内河货运采取的一种有效方法。

4. 公路运输的挂车法

公路运输挂车法的原理与船舶拖带、火车加挂基本相同，都是在充分利用动力能力的基础上，增加运输能力。

（四）发展社会化运输体系

运输社会化的含义是发展运输的大生产优势，实行专业分工，改变一家一户自成运输体系的状况。一家一户的小运输生产，车辆自有、自我服务，不能形成规模，且运量需求有限，难以自我调剂，因而容易经常出现短缺、运力选择不当（运输工具有限，选择范围太窄）、不能满载等不合理现象。

（五）采用先进的运输技术设备

不断开发特殊运输技术和采用先进的运输工具是实现运输合理化的重要途径。例如，利用专用散装及罐车可以解决粉状、液态物运输损耗大、安全性差等问题，装鼠式车皮、大型半挂车可以解决大型设备整体运输问题，滚装船可以解决车载货的运输问题，集装箱船比一般船能容纳更多的箱体等，这些都是通过运用先进的科学技术来实现合理化。

（六）采用合理的运输策略和模式

要实现运输合理化，还必须采用合理的运输策略。例如，企业可以根据实际情况，尽量采用直达运输、"四就"直拨运输（即就厂直拨，就车船、码头直拨，就仓库直拨和就车／船过载）、共同运输、集装箱运输等策略。随着运输业以及物流技术的发展，应大力推广多式联运、智能化运输等先进的运输模式。

第二节　仓储管理及其业务流程

一、物流仓储管理

（一）仓储管理的内容

"仓储管理是企业管理的重要组成部分，它对企业的采购、生产和销售环节有着重要的作用。高水平的仓储管理，可以降低企业的成本，提升企业的市场竞争力。"[①]仓储在物流活动中处于中心地位，涉及供应链的多个环节。仓储活动通过调节生产和消费上的时间差、价格和价值的波动，可以在一定程度上避免生产过多导致价格下跌或供应断档导致价格上涨等情况发生。至今，现代仓储业已经融合成供应链一体化仓储，成为物流系统中的重要环节之一，它反映了一种经营活动的过程。在一定条件下，运用现代物

---

① 苏原 . 关于提升企业仓储管理水平的研究 [J]. 中国储运，2022（08）：202.

流技术手段对仓库的各项流程应该做到有效规划、组织、执行与协调，满足整个物流供应链上下游的需求。

仓储管理的内容是综合的，涵盖了经济、技术、信息层面上的，它们之间会互相制约，所以在实际的运营管理中，要综合考量，不能单方面地去思考，整体大于个体。

仓库的选址和布点要遵循基本原则和相关的理论方法，还要考虑交通、环境、成本等基本因素，仓库的数量和规模也要有相应的对位衔接。

仓库作业设备的选择和配置要综合考虑仓库的特点和仓储物的种类、理化特性等因素，选择适合仓库的设备（装卸搬运设备和储存搬运设备），同时，在选择设备时也要考虑设备的成本和方便性以及后期的维护费用。

仓库规模的设计和内部合理布局要依据公司整体战略的需求来设计仓库的大小和结构，仓库内部布局也要清晰明了，各个功能区域布局既要兼顾自己的作用，也要同其他功能区互相协调。

仓库库存管理和运营管理方式的选择相对其他内容是较为复杂的内容，也是主要内容之一。库存管理主要是调整库存能力，是现代仓储业发展的重要标志；运营管理的选择主要体现在企业组织、协调等方面，不同的企业有不同的资金实力，不同的企业文化，所展现出来的运营管理模式也就不一样。

仓储作业活动及信息技术的应用主要是仓储作业的管理和利用信息技术手段辅助管理仓储活动。从平面和竖向的角度优化作业流程设计，企业的组织架构、岗位分工等都参与到作业活动中。信息技术的应用增强了传输的准确性和稳定性，也提高了仓储活动的便利性。

库存控制是仓库的基本功能，为了市场竞争和客户需求，现代仓储需要对货物进行一定的提前预测，科学合理的预测可以提高服务水平，减少供大于求或供不应求的现象，避免企业造成浪费。

（二）仓库管理的模式

"仓库管理模式是一种方法与库存管理手段相结合的管理模式。"[①]仓库管理的一般模式可以分为自建仓库、租赁仓库和第三方仓库，具体取决于仓储操作的工作方式。

第一，自建仓库。自建仓库是指公司内部自己的建筑仓库。优点是控制方便，管理灵活，有助于确保生产的正常运行，提高公司的竞争力。

第二，租赁仓库。租赁仓库属于公共仓库的存储，企业通常租赁这些仓库以提供

---

① 张淦. 基于精益思想的仓储管理优化研究 [D]. 天津：天津工业大学，2021：9.

商业服务。使用租用仓库时，公司的业务活动可以更灵活，允许公司控制存储和处理成本。

第三，第三方仓储。第三方仓储是一种存储方法，可提供专业、高效、经济和准确的物流服务。第三方仓库管理专业标准高，管理理念创新，物流效率高效。

通过对仓库管理理论的上述研究可以发现，仓库管理研究是多种多样的。但无论采用何种模式，其主要目标都是提高公司的管理水平和服务水平，提高效率。在企业的业务流程中，仓库管理主要响应企业的生产、经营和销售服务，同时提高仓库的利用率和资金的有效利用，使业务得到进一步改善。

（三）仓储管理的优化

仓储管理优化针对仓储管理中存在的问题或者不足采取一定的方法、技术和措施，使之得以解决与提高，如进入和离开的商品组是单向和线性的，因此避免了由于重复运动导致的低效操作；利用高效处理设备和操作程序优化仓库处理效率，利用现有机器进行作业处理，不断优化配置仓储资源，使之变得更加优秀。

现今，仓库不仅仅是存储中心，而是代表增值中心，它已然是物流业务的重要组成部分，在供应链中，不同层次的产品需求和供应匹配起着重要的作用。为了提高仓库的效率并优化其运营，可以借助精益管理理念的方法做持续改善，消除仓储活动和非增值流程的浪费，精益仓储主题涉及在仓储操作中应用精益概念和实践，以提高仓储效率。

1. 仓储精益化管理的目标

仓储精益化管理要求降低企业的各种浪费，减少多余的毫无价值的活动，提高效率。它的基本想法是以最少的投资（劳动力、物质资源、设备、资金、材料、空间、时间等）交换更多的生产，以创造更多的生产并为客户提供优质的服务。投资少，生产量多，浪费少，管理效率高，行事良好，使公司彻底消除了商业活动中的浪费现象。

精益化管理的宗旨是通过将浪费降到最低，来实现高质量的产品与服务。企业通过实施精益化管理，可以到达如下目标。

（1）消除其中的浪费，提高作业的效率。使用精益管理的思路作为指导的思想，通过对浪费环节的识别和消除，将管理的目标逐级分化和传递，使管理流程不断得到优化和完善，最终促进员工能够自觉高效地承担起各自的责任、作业标准愈加明确具体、作业效率显著提高。

（2）现场标准、整洁、有序、高效。通过实施5S（整理、整顿、清扫、清洁和素养）活动，能够使企业的现场更加整洁、有序，推进现场员工作业的标准化、目视化和节省化，提升现场员工的素养，为公司管理的其他可改善环节打好基础。

（3）转变管理思想，改善工作方法。通过持续的精益化管理的循环，管理者能够及时发现管理过程当中存在的问题，有利于对管理方法进行及时的调整，找出管理当中的漏洞，并及时解决。

（4）提高员工素质，促进共同发展。通过员工参与精益管理实践，我们培养"消除浪费，减轻和改善所有员工"的管理理念，让员工感受到参与公司管理的氛围。实施精益管理，然后推广员工的业务。树立思路，增强质量意识，鼓励员工识别和解决问题，以提高员工整体素质为目标，增强员工素质管理的活力和希望。

2. 仓储精益化管理的模式

在精益思想的指导下，仓储管理以客户需求为中心，在低成本高效率的同时，给客户带来准时、快速的服务。要建立仓储精益化管理的模式，首先，正确认识价值流，这是精益仓储的前提，价值流是企业所有价值活动的总和，主要体现在业务流、信息流和物流上，对一个产品或服务必须有流程划分标准，认识价值流就要搞清它的步骤和环节，能描述和分析，并区分出价值与浪费；其次，确保价值流的顺畅流动，这是精益仓储的保证，以顾客需求为最终目标，探索优化某一项工作任务的最佳物流路径，价值流的顺利流动需要排除一切不产生价值的活动；最后，重视价值流动力，这是精益仓储的关键，在精益仓储中，价值流的流动主要依赖于下游客户，当顾客没有需求时，上游的所有产品都不生产，反之则为顾客提供快速服务。

二、物流仓储管理业务流程

（一）仓储管理业务流程的优化策略

1. 仓储业务流程的优化

自动化立体仓库的建立和使用，能够帮助公司有效处理大批量货物的入库、存储和出库作业。遵循仓储业务流程优化的原则和相关理论，从布局整个自动化立体仓库的角度，对公司的仓储业务流程进行优化，提高其智能化水平。一个订单所对应的一种货物的进出库数量都是较大的，故可直接以一个订单中的一种货物进行入库和出库业务，即直接以整个托盘的形式进行货物的入库和存储业务（一个托盘上堆码的是同一种货物），出库时一次操作也只需要处理一个订单中的一种货物（同样以整托的方式运出），不需要设置分拣系统来进行货物入库业务或出库业务时的二次分拣工作（分拣系统多适用于具有少批量、多品种、高频次特点的电商仓）。

优化后的自动化立体仓库仓储业务的流程如下。

（1）货主根据公司的要求，按时到达指定等待区，将货物卸载到仓库提供的标准化托盘并置于待入库区。

（2）检查货物数量及外包装完整度，货物检验合格后，员工用手持 PDA 完成货物的扫码入库工作，由叉车将整托货物从待入库区运至入库区，同时，手持 PDA 完成的入库信息上传至仓库的信息系统，更新订单及货物信息。

（3）叉车式 AGV 将货物从入库区送至入库缓存区。

（4）货物再由入库缓存区进入入库台。

（5）巷道堆垛机根据信息系统的指示将货物从入库台送至既定货位。

（6）巷道堆垛机同时接受出库指令，将货物从货架取出，运至待出库台。

（7）货物由待出库台运至待出库缓冲区。

（8）码垛机器人拣选特定数量的货物至有出库托盘的出库口，如有剩余货物则经出库返回区到达入库台，再由巷道堆垛机重新运回原货位。

（9）出库口的货物进入出库缓存区。

（10）出库缓存区的货物进入出库台，员工用手持 PDA 完成货物的扫码出库工作，并将信息回传系统，以更新订单和货物信息。

（11）叉车式 AGV 将完成出库扫码的货物从出库台送至出库区。

（12）叉车将出库区的货物运至运输车辆所在的等待区。

在公司的仓储业务运作过程中，通过部署在整个仓库内的网络摄像头，实现对仓储环境和货物流动的远程监控，监控系统以画面的形式记录仓库内的全部操作，并实时分析接收到的信息，如果有异常状况存在就会启动紧急报警功能。同时，仓库内还有环境控制系统，确保货物能够处于科学且适宜的存储环境中，保证货物的存储质量。

在优化后的仓储即自动化立体仓库业务的运作过程中，涉及许多机器设备的运转，这些机器设备都需要电力的支持，如果只是单纯地依靠从供电公司购买工业用电，无疑是一笔持续性的巨大开销。公司可使用太阳能发电板，这样既可以提供本公司所需的电力，解决长久性电费支出问题，也可以在产电量充足的情况下，化身为"供电公司"，为其他需要用电的公司提供电力，扩展了公司的盈利业务，增加了公司的盈利收入。

2. 入库业务流程的优化

入库业务包括入库前准备作业和入库作业两部分内容，本部分内容也将对这两部分的流程进行优化。

（1）入库前准备作业。入库前准备作业为整个仓储作业的运行奠定了基础，做好入库前的准备工作，能帮助库内作业更顺利、更迅速地进行。入库前准备工作的流程包括：

第一，货主将包含货物种类、名称、数量、规模、合格证书等信息的到货通知以及期望的到货时间发送给公司。

第二，公司收到货主发送的到货通知后，根据将要到达的货物类型及数量等，结合该时段内公司已约定进行入库操作的货物量，安排该批次货物运输车辆的到达时间、等待区（停车区）以及货位等，并将上述信息反馈给货主，同时生成入库清单。

第三，货主根据公司的安排，准时到达指定等待区。

（2）入库作业。入库作业是整个仓储系统作业流程的开始，优化后的仓储入库流程如下：

第一，货车按约定准时到达等待区后，将同种类型的货物卸载到仓库提供的标准入库托盘上，并置于相应待入库区。

第二，公司按照入库清单，检查货物数量及外包装，如果外包装没有破损，则视为符合货主提供的货物信息即满足入库要求；如果外包装有破损则进行开箱检验，在进行检验过程中，如果发现货物的数量、质量等不符合要求，公司拣选出不满足要求的货物，更改这批货物的入库清单，并将信息反馈给货主，由货主决定残次品的处理方法。

第三，经检验合格后的货物，用手持 PDA 完成货物的扫码入库工作，并将信息回传至公司的信息系统，整托货物由叉车运送至相应入库区。

第四，如果此时叉车式 AGV 空闲，则叉车式 AGV 从入库区将货物以整托的形式运到入库缓存区；否则，货物滞留在入库区等待。

第五，货物到达入库缓存区后，如果入库台空闲，则货物直接进入入库台：否则，货物在入库缓存区的队列中等待。

第六，货物到达入库台后，如果巷道堆垛机空闲，则直接将入库台的货物以整托的形式根据系统生成的货位放置到相应货架上，完成货物的入库工作；否则，货物在入库台等待。

3. 在库业务流程的优化

（1）保管养护。保管养护能够防止或者延缓货物的变质，公司需要采取科学的方法，对货物进行分类：将对存储环境有特殊要求的货物结合仓库内的环境控制系统，创造此类货物应满足的储存条件，实现仓储环境的可视化，并达到保证货物品质的目的，避免存储时因保管不当造成公司不必要的损失，影响公司在客户心目中的形象。

（2）盘点检查。盘点作业是在库作业中必不可少的一部分，盘点检查是对在库货物的种类、数量和总价进行统计，帮助公司理清库存量和账务信息。如对特定货物进行部分盘点；对在库的货物进行实际盘点，确定货物实际数量。其中在实物盘点部分，可以采用无人机完成此项工作，一改以往用人工进行盘点工作的局面，降低了人力成本，避免了员工与货物的直接接触，减少了货物的搬运次数，提高了实物盘点的效率。

实物盘点的具体流程为：①操作员根据实际盘点的作业要求，在操作信息系统确定需要盘点的区域，并设置无人机盘点的飞行路线；②系统将包含盘点货物所在位置及飞行路线的盘点指令发送至无人机；③无人机依据系统给定的信息，到达指定区域，然后根据图像识别结果和 RFID 计数结果进行叠加对比，实时读取货位上的货物信息，保证盘点数量的准确性，并将盘点结果传回系统；④系统将无人机盘点之后的结果与系统记录的库存货物信息进行对比，保证实际拥有的库存量和系统记录的库存量的一致性，如果出现不一致，则应尽快查明原因，并手动平账。

（3）库存预警。仓库对每种货物的库存数量都有上限和下限的规定，确保库内货物量处于合理的状态，避免出现货物存储量不足或者货物大量积压的情况。信息系统根据对在库货物数量的统计判定是否存在超过既定库存数量上下限的货物，如果存在，系统就会产生预警报告；同时，系统还会对库存货物进行定期检查，如果有货物即将超过保质期，系统也会产生预警报告，供操作员查看，库存预警在一定程度上避免了公司的利益受到损害。

4. 出库业务流程的优化

出库业务包括出库前准备作业和出库作业两部分内容，本部分内容也将对这两部分的流程进行优化。

（1）出库前准备作业。出库前准备作业为出库工作的开展奠定了基础，做好出库前的准备工作，能帮助出库作业更顺利、更迅速地进行。出库前准备工作的流程是：

第一，货主将需要出库的货物名称、数量以及期望的出货时间以出货通知单的形式发送给公司。

第二，公司收到货主发送的出货通知单后，确定将要出库的货物类型及数量等，结合该时段内公司已经确定需要进行出库操作的货物数量，安排该批次货物的出库时间、运输车辆等待区（停车区）等，并将上述信息反馈给货主，同时生成出库清单。

第三，货主根据公司的安排，准时到达指定等待区。

（2）出库作业。出库作业是仓储系统的终止，其好坏直接影响着用户的满意度和服务质量，优化后的出库作业流程如下：

第一，公司收到出库指令，由计算机控制系统分配要出库货物所在的货位。

第二，如果此时巷道堆垛机空闲，则巷道堆垛机从货架上取出货物：否则，货物在货架上等待。

第三，巷道堆垛机取出货物后，如果待出库台空闲，则巷道堆垛机将货物放置在待出库台上：否则，货物在巷道堆垛机的货叉上等待。

第四，货物到达待出库台后，如果待出库缓存区空闲，则货物直接进入待出库缓存区队列：否则，在待出库台等待。

第五，货物进入待出库缓存区后，如果待出库口空闲，则货物进入待出库口；否则，货物在待出库缓存区等待。

第六，货物进入待出库口后，确定需要出库货物的数量，如果码垛机器人空闲，则码垛机器人抓取货物；否则，货物在待出库口等待。

第七，货物被码垛机器人抓取后，如果出库托盘位于出库口（位于出库口的出库托盘是叉车式 AGV 从托盘存储区叉取堆码好的托盘、置于托盘输送区、并经过拆盘机分离后、由输送机运至出库口的），则码垛机器人将货物放置在出库托盘上：否则，货物在码垛机器人处等待。

第八，码垛机器人按照出库指令，抓取既定数量的货物放置在出库托盘上，如果出库缓存区空闲，则货物直接进入出库缓存区：否则，货物在出库口等待。

（二）仓储业务流程优化的保障措施

1. 更新管理理念

公司的管理理念在一定程度上决定着公司发展的前景，业务流程的变动需要较前沿的公司管理理念的支撑。对于公司的仓储管理而言，只有可以借鉴的整体框架或发展理念。

管理者在学习其他公司管理理念的时候，应融合本公司的发展思路及其他先进的管理理念，形成具有公司特色的管理方法；为了能形成有竞争力的管理理念，公司管理者需要接受新鲜事物，能够把握仓储行业的发展趋势与动态。同时，要做好宣传工作，帮助员工了解公司文化，得到员工认可，这样理念才能得到贯彻和执行。公司管理理念的形成并不是一蹴而就的，需要在保证公司理念主旨不变的基础上，根据实际情况进行修正。

2. 制定优化制度

仓储业务流程的优化，只从管理、资金、技术、人才进行考虑是不全面的，制度是方案实施的保障。公司应该制定相关制度，从企业层面让员工知道进行仓储系统优化是公司势在必行的一项任务，并对相关内容做相应书面及强制性规定，给员工提供一个参考，督促员工更好地按照标准或要求工作。制定仓储业务优化过程中，整个公司应该遵循的规章制度；为了提高员工的工作素养，需建立可行有效的激励机制，调动员工学习自动化立体仓库相关理念和技术的积极性，帮助员工尽快适应新的工作环境及工作任务；同时，还应制定相应的绩效考核制度，让认真、努力且能力强的员工得到以报酬的形式鼓励；提高企业内部员工的质量，优化员工队伍结构。

3. 加大资金投入

仓储业务流程的优化需要引进大量的机器设备、软件设施及相关人才，故公司需要有充足的资金。我们要从公司长远发展的角度看待前期资金投入大的问题，先进的软、硬件使用恰好可以节省大量的人力成本，优化的仓储系统也能节省部分资金。为了让公司能够更好地发展，智能仓储是公司必然的发展方向，而资金的保障是必不可少的一环。

4. 开展技术支撑

仓储业务流程优化的顺利开展需要有相关技术的支撑，即引进符合公司自身特点的机器设备及软件设施，要在众多软、硬件当中，根据它们的特点，选择出最适合公司需要的产品，或者可以请相关人才针对公司设计出一套针对性更强的软、硬件基础设施，例如引入的技术设施主要包括叉车式 AGV（自动引导搬运车）、双立柱巷道堆垛机、高层货架、无人机等以及能接入上述设备的 WMS（仓库管理系统）、WCS（仓库控制系统）、OMS（订单管理系统）和 BMS（计费管理系统）等信息系统。恰当的技术支撑，能够确保仓储业务流程优化的良好有序进行，优化后的仓储系统能够帮助公司保持仓储方面的竞争力，促进公司更好地发展。

5. 引入高素质人才

随着仓储业务流程的优化，公司除了引进许多软、硬件设施设备，还需要引入高素质专业人才，他们可以保证机器的正确运转，确保各环节作业任务的出色完成。公司应该加大对现有员工的培训力度，提升员工的实际操作能力，帮助积极进取的员工更好地适应公司发展、与公司共同进步。同时，引进有经验的自动化立体仓库管理和操作人员，借助专业人才的职业技能帮助企业在流程优化初期更好地运转。公司甚至可以成立自己的研发团队，一方面，可以根据公司的实际情况，设计更适合公司运作的机器设备及应用软件；另一方面，随着研发团队的不断成长和历练，研发团队也可以承接其他公司的研发需求，为公司赚取运作资金。

第三节 库存控制与实物资产码仓储管理

一、库存控制管理方法

（一）订货点法

订货点法，又称为 OPM 法、安全库存控制管理法。由于企业经营发展过程中某一类物料销售或生产需要从仓库中提取，所以该类物料的库存水平会因为生产或销售需求而下降到某一关键点，此时剩余的物料无法为其后续销售及生产活动提供帮助，企业需要对该类物料的库存进行补充，这个补充的临界点被称为订货点。

如果企业的订货点达到一定水平，但是并没有发出订货单，那么企业的销售与生产活动就会遭遇瓶颈，值得注意的是订货点并不是一成不变的，需要根据企业的产能情况、市场竞争情况、销售与生产活动的具体情况而不断调整订货点，形成对企业生产经营活动的全面支持。要与客户需求进行联动，保持随客户预测变化而变化。

（二）企业物资重点管理法

企业物资重点管理法，又称为 ABC 分类法，基本原理是考虑到不同物料在企业库存控制管理中的数量比重与价值比重不成比例的物料特点来开展科学的管理活动，有助于企业平衡物料资源数量与价值的关系。

企业物资重点管理法将企业的库存分为三类：①A 类物料资源的库存量占库存总量数量不足 20%，但是占用库存资金总额往往超过 80%；②C 类物料资源数量占库存总量超过 70%，但是所占库存资金总额却不足 20%；③B 类物料资源的价值与输入量在 A 类物料资源与 C 类物料资源之间。在 ABC 分类法下，企业管理者需要对企业的库存类型与价值进行全面分析，通过合理调整物料构成比重来提高库存控制管理水平。

（三）供应商库存控制管理法

供应商库存控制管理法，又称为 VMI 法，在制造企业生产经营活动开展过程中，供应链库存控制管理得到了较多企业管理者的重视，越来越多的制造企业与供应商搭建了战略合作关系，此时供应商库存控制管理能够使供应商与企业的需求信息及时并完全地进行共享，实现资源的互补，供应商根据供应链下游客户库存的变动与生产经营情况来进行库存规模及结构的预测，及时进行订货、补货，通过供应商的合理决策来保障企业的生产与销售安全。

在供应商库存控制管理法下，传统的库存控制管理条块分割与各自为战的现象被打破，整个供应链中的信息更加对称，供应链上下游库存控制管理效率提升，最终实现同步化的库存控制管理运作模式。在 VMI 法应用下，信息技术是支持 VMI 应用效率提升的核心环节，包括 EDI、条形码等技术的充分应用能够使 VMI 效率提高、信息运作更加对称，所以 VMI 模式对企业信息化建设程度的要求较高。

二、实物资产码仓储管理

现代化仓库系统是基于物联网技术搭建的一个技术先进、流程科学、管理方便的仓储物流采集平台，利用移动终端、智能叉车、仓储机器人扫描 RFID，以获取每个物料的信息为基础，建立起快速准确的仓库数据采集工作模式，通过自动化、智能化的工作手段，提高工作效率，降低劳动强度，减少出错概率，实现透明的库存管理与控制，清晰地掌握库存与各类物资的流动情况。基于 RFID 物联网技术和移动应用的仓储管理平台，对传统仓储管理进行技术上的变革提升，主要包括物资配送监控、物联网仓储业务管理以及仓储业务的辅助管理。

下面以重点流程为例，阐述基于实物资产码的现代化仓储管理流程。

（一）智慧仓库集控中心

第一，搭建智慧仓库集控中心平台，对接 ERP 系统、WMS 系统、WCS 系统、抽检系统、TMS 运输管理系统等业务子系统，以及安防系统、消防系统等仓库辅助管理系统，记录物资入库、抽检、盘点、出库等信息，全流程追踪业务开展情况。

第二，基于大数据分析模型，处理智慧仓库集控中心信息平台中各业务子系统的海量数据，对检测报告、盘点报告等进行跨平台的智能 BI 分析，判断仓库物资存储状况，统计仓库库存水平、库龄、物资检测等指标。

根据平台预设警戒阈值及预警规则，比对分析仓库车辆、人员、设备／设施、物资等监控信息以及业务操作信息，如抽检计划覆盖率、AR 盘点准确率等，以及预警设备异常、业务运转异常等情况。

（二）行吊全自动装卸车

第一，车辆到达停车位置后，在人机交互操作终端中扫描作业单据，通过 RFID 标签读取物资 ID、厂家、规格型号、数量等信息，并通过 ALMS 自动装卸车管理系统生成卸车／装车作业任务。

第二，ALMS 自动装卸车管理系统向视觉扫描系统下发卸车／装车作业任务，视觉扫描系统控制行走机构运行至车辆上方。

第三，行走机构到达后，视觉扫描系统扫描车辆停靠区域，ALMS自动装卸车管理系统读取扫描的结果并自动识别出车辆停靠位置、物资数量、物资位置等信息，将卸车/装车任务下达给智能行吊的作业系统。

第四，智能行吊作业系统接收到作业任务后，调度行吊前往作业区域，行吊在前往取货的过程中，需根据任务指令中的物资信息，提前完成旋转角度与吊具高度的预调整。

第五，行吊到达指定取货点坐标时，根据物资摆放情况对吊具位置进行二次校准，确保能够准确进叉。同时，行吊进叉取货时，根据不同货物不同尺寸调整吊具高度和货叉位置，保证货叉精确进入辐孔。

第六，在卸车过程中，完成叉取后，智能行吊将线缆吊装至指定货位。

第七，在装车过程中，行吊完成进叉后，进入行走模式，到达车辆指定放货点坐标，并根据不同货物要求在车板上的摆放方向调整吊具的角度，然后将货叉降落至任务信息中给定的高度值，完成物资摆放，行车作业系统控制吊具安全退叉，回到安全待机位。

（三）机器人全自动装卸车

第一，车辆到达停车位置后，在人机交互操作终端中扫描作业单据，通过RFID标签读取物资ID、厂家、规格型号、数量等信息，并通过ALMS自动装卸车管理系统生成卸车/装车作业任务。

第二，ALMS自动装卸车管理系统向视觉扫描系统下发卸车/装车作业任务，视觉扫描系统控制行走机构运行至车辆上方。

第三，行走机构到达后，视觉扫描系统扫描车辆停靠区域，ALMS自动装卸车管理系统读取扫描的结果并自动识别出车辆停靠位置、物资数量、物资位置等信息，并将卸车/装车任务下达给机器人。

第四，机器人作业系统接收到作业任务后，调度机器人前往作业区域，机器人在前往取货的过程中，需根据任务指令中的物资信息，提前完成货叉高度、货叉间距的预调整。

第五，机器人到达指定取货点坐标时，根据物资摆放情况对货叉位置进行二次校准，确保能够准确进叉；同时机器人进叉取货时，根据不同货物不同尺寸调整进叉距离，保证安全叉取、堆放。

第六，在卸车过程中，机器人完成进叉后，进入行走模式，将物资送至指定坐标位，完成自动搬运和放货。

第七，在装车过程中，机器人到达车辆侧面指定放货点坐标，货叉举升至任务信息中给定的高度值，并根据不同货物要求的车板停车距离调整前进距离，直至达到任务信息中给出的车板距离时停车；再根据作业任务中给定的放货坐标，调整货叉左、右距离，放下物资后，机器人后退至放货坐标，完成装车。

（四）物资扫码收发货

1. 统一仓储控制平台

通过建设统一仓库控制平台，平台接收 ERP 系统物资出入库、转储等业务数据，将上下架任务、转储任务分解为设备指令并自动下发至目标设备，同时接收设备回传的执行结果并将结果反馈给 ERP 系统，由 ERP 系统完成出入库、转储等业务的最终确认。

2. 物资扫码收货上架

（1）供应商或配送中心携带发货通知单／采购订单送货到仓库，仓储作业人员用 PDA／手机 App 扫描单据条形码，从 ERP 获取单据信息，与实物进行核对。

（2）系统自动检查收货物资是否是物资身份码，若启用物资身份码，则仓储作业人员用 PDA／手机 App 扫描物资身份码进行计数，若未启用物资身份码，则系统自动将 ERP 系统中单据中的数量自动带出，仓储作业人员根据实际到货数量进行修改。

（3）若未启用物资身份码，系统会根据 ERP 系统物资存储策略自动推荐存储仓位，仓储作业人员可以通过扫描仓位码重新选择仓位，若启用托盘管理可以同时扫描托盘码；若启用物资身份码，通过 PDA／手机 App 扫描计数后，点击"上架操作"，系统根据 ERP 系统物资存储策略自动推荐存储仓位，仓储作业人员可以通过扫描仓位码重新选择仓位，若启用托盘管理可以同时扫描托盘码。

（4）仓储作业人员统计好物资数量，维护好存放仓位后，通过 PDA／手机 App 将数据上传到 ERP 系统，若上架仓位自动化仓位，数据还要上传到统一仓储控制平台（GCP）。

（5）若上架仓位是非自动化仓位，ERP 系统自动创建入库凭证和转储单；若上架仓位是自动化仓位，ERP 系统自动创建入库凭证，并将入库凭证和上架信息下发给统一仓储控制平台（GCP），GCP 接收到数据后自动创建上架指令，通过上架仓位判断将上架指令发送给对应的自动化设备。

（6）自动化设备根据上架指令将物资放到指定的存放位置，指令完成后，GCP 自动更新自动化区库存，并将信息上传到 ERP 系统自动创建转储单。

3. 物资扫码发货下架

（1）项目单位携带领料单／工单／预留或配送人员携带调拨出库的采购订单到仓库进行领料，仓储作业用 PDA／手机 App 扫描单据条码，从 ERP 统获取单据信息，与纸质单据进行核对，仓储作业人员可以根据实际情况修改出库数量。

（2）若领料单／工单／预留／调拨单未指定批次信息，则根据 ERP 系统出库策略和库存自动推荐批次和存放仓位信息，若已指定批次，则直接根据 ERP 系统和仓位库存信息自动推荐下架仓位，仓储作业人员可以根据实际存储情况更改仓位信息。

（3）若是自动化仓位，则仓储作业人员将出库信息上传到 ERP 系统和统一仓储控制平台（GCP），ERP 系统生成出库凭证并将凭证信息下传给统一仓储控制平台，然后统一仓储控制平台自动创建下架指令，根据下架仓位分配给对应的自动化设备进行下架；实物下架后，若下架物资未启用身份码，则统一仓储控制平台自动更新库存并将信息上传给 ERP 系统，ERP 系统自动创建转储单。

（4）若是非自动化仓位，且下架物资启用物资身份码，则仓储作业人员用 PDA／手机 App 扫描物资身份码并计数，直到下架数量和出库数量一致时，方可将出库下架信息上传给 ERP 系统，ERP 系统自动生成出库凭证和转储单；若下架物资未启用物资身份码，则仓储作业人员直接将出库、下架信息上传到 ERP 系统来自动生成出库凭证和转储单。

（五）库存物资智能盘点

1. 室外堆场无人机盘点

（1）统一仓储控制平台（GCP）获取 ERP 物资库存信息，然后发起盘点任务，下传至无人机系统。

（2）无人机系统接收到盘点任务后，首先自动启动飞行检查及冬季预热。

（3）飞行检查及冬季预热完成后，无人机根据接收到的盘点任务，识别盘点区域并自动规划盘点路线，然后将控制无人机开始盘点飞行。同时打开无人机所携带的 RFID 读写器，识别飞行路线中读取到的 RFID 信息，获取物料库存信息。

（4）若盘点任务正常结束，无人机盘点系统会将读取到的物料库存信息与接收到的盘点任务中的账面库存做比对，生成盘点结果 PDF 文件，并自动上传统一仓储控制平台（GCP）系统。

（5）若自动盘点任务未能正常结束，则由飞行保障员手动接管飞行，操纵无人机降落，然后联系技术人员排查故障。

2.平置库 AR 眼镜远程盘点

（1）盘点人员佩戴 AR 盘点眼镜，开启远程盘点模式。

（2）监盘人员远程下达盘点指令，盘点人员接收到盘点指令（货位）后，系统自动记录当前盘点开始时间，并进入全屏录像模式。

（3）盘点人员到达货位后，后台通过 AR 眼镜增强显示盘点物资货位、规格、厂家、数量等信息。

（4）盘点人员用 AR 眼镜对该货位的物料卡进行拍照，系统自动进行比对，反馈"货位信息无误"后进入下一步操作，否则后台人员按照传输的实时场景作出相应判断并进行下一步操作。

（5）盘点人员用 AR 眼镜拍取物资铭牌及身份码照片，后台人员人工根据传回的铭牌及身份码照片，核对信息的准确性，并记录相应结果。

（6）监盘人员指示仓管员清点货位库存数量，并通过语音反馈盘点数量。

（7）盘点完成后，后台通过视频格式保存盘点过程，以备复盘。

3.立体库远程图像识别盘点

（1）在立体库相关设备或库内固定位置上加装高清摄像头组。

（2）物资入库上架或出库拣选完成后，摄像头组多方位拍摄并记录货位上的物资图像信息。

（3）系统下达盘点任务，指令摄像头组再次拍摄货位上的物资图像信息。

（4）系统应用图像识别技术，对前后两次拍摄的图像信息进行比对，判别其一致性。如一致，则表明该货位上账实一致；如不一致，则指系统将该货位物资下架，人工点数，查询造成差异的原因，记录盘点结果。

（5）系统生成盘点记录与报告。

（六）仓库货位可视管理

第一，当仓库发生入库（上架）、出库（下架）、转储等业务，导致仓库货位发生变化时，ERP 系统自动将该仓位的库存信息推送至统一仓储控制平台。

第二，统一仓储控制平台将仓位库存数据按批次进行合并处理，并根据业务数据所属仓库，自动寻址（系统预先配置各仓库的电子墨水接口服务 IP 地址）将库存信息下发至对应的电子墨水工控服务器。

第三，电子墨水工控服务器将通过微型安全平台、安全模块进行加密、解密的仓位库存信息经电子墨水基站推送至指定的电子墨水标签显示屏，完成"电子卡"信息更新。

（七）自动化仓库智能理仓

第一，对自动化仓库库位和托盘进行统一编码，并固化到自动化系统中。

第二，改造现有的自动化仓库管理系统，对每次作业记录进行数据采集，对库位拣选频次、物资库龄、库位物料数量同一收集和结构化存储。

第三，设计具备拣货路由由远及近、库位先进先出特点的自动化仓库理仓逻辑，并固化到自动化仓库管理系统。

第四，在自动化仓库管理系统中增加"一键下达理仓指令"功能，启用自动化设备自动完成理仓作业。

（八）平库智能拣选

第一，仓库管理系统自动生成拣货任务。

第二，仓库管理系统根据拣选目标物资的存储位置、工作人员拣选任务负载情况自动分配拣货任务。

第三，根据拣选任务，货架区巷道指示灯自动点亮，为作业人员定位巷道位置，PTL自动显示拣选数量，辅助作业人员完成拣选。

第四，系统自动向叉车平板电脑推送作业任务，叉车利用配套的 RFID 读取装置自动对托盘和库位进行比对认证和操作提示，完成拣选。

第五，根据拣货任务，激光定位指引系统自动定位目标物资位置，完成拣货任务。

第六，拣货任务完成后进行任务确认，并将作业结果提交仓库管理系统。

第四节　包装与流通加工管理

一、物流包装

包装是人类生活与生产物资交换中不可缺少的技术手段，是商品流通中保持商品完整性和价值增值的重要手段。近年来物流随着社会生产和科学技术的进步而快速发展，包装在物流中不仅能够实现保护商品的基本功能，而且可在降低物流成本及绿色物流等方面作出贡献。

（一）包装与物流包装

1. 包装的基本认知

（1）包装的内涵。包装有两个含义：一是包装商品使用的物料，包括采用的容器、材料及辅助物；另一个是指在包装商品时的操作过程，包括包装方法、包装工艺和包装技术。所以包装既包括包装容器，又包括技术和方法，是两者的统一体。包装的目的是通过包装技术，提高管理和组织水平，实现绿色包装。

各个国家或组织对包装的含义有不同的表述和理解，但都以包装功能和作用为其核心内容，一般有两重含义：关于盛装商品的容器、材料及辅助物品，即包装物；关于实施盛装和封缄、包扎等的技术活动。

（2）包装的作用。包装的作用主要有四个方面：①实现商品价值和使用价值，是增加商品价值的一种手段；②保护商品免受日晒、风吹、雨淋、灰尘沾染等自然因素的侵袭，防止挥发、渗漏、溶化、沾污、碰撞、挤压、散失以及盗窃等损失；③给流通环节带来方便，如装卸、盘点、码垛、发货、收货、转运、销售计数等；④利于促销、美化商品、吸引顾客。

（3）包装的功能。具体来说，包装功能可分为自然功能和社会功能。

第一，包装的自然功能，即物质功能或实用功能：①保护功能。保护产品的内容、形态、质量、性能，保护消费者安全使用产品。②方便功能。方便开启使用，打开包装就能立刻消费产品。方便性体现在：便于装卸搬运；方便生产加工、周转、装入、封合、贴标、堆码等；方便仓储保管与货物、商品信息识别；方便商店货架陈列展示与销售；方便消费者携带、开启，方便消费应用；方便包装废弃物的分类回收处理。

第二，包装的社会功能，也称精神功能或审美功能：①促销功能。通过包装的图文说明，引导消费者正确地消费产品；通过包装体现特定商品的文化品位，给人以愉悦的感受，创造附加值；通过包装体现企业的品牌信誉和一个国家和地区的政治、经济、文化艺术面貌。②方便消费功能。根据消费者的需求进行设计，方便消费者购买、取用、保管和收藏，如易拉罐包装、喷雾包装等。③传递信息功能。通过文字、色彩、图案、造型等，消费者可以了解产品的相关信息。④树立形象功能。好的包装不仅可以吸引消费者，而且可以让消费者了解到本企业的优秀企业文化，树立商品和企业的形象，提高企业的竞争力。

2. 包装的基本分类

根据物品的状态及物流形式等的差异，包装有不同的分类。

（1）按产品经营方式，可分为：内销产品包装、出口产品包装、特殊产品包装等。

（2）按包装在流通过程中的作用，可分为：单件包装、中包装、外包装等。

（3）按包装制品材料，可分为：纸制品包装、塑料制品包装、金属包装、竹木器包装、玻璃容器包装、合成材料包装等。

（4）按包装使用次数，可分为：一次用包装、多次用包装、周转包装。

（5）按包装容器的软硬程度，可分为：硬包装、半硬包装、软包装。

（6）按包装产品种类，可分为：食品包装、药品包装、机电产品设计包装、危险品包装等。

（7）按包装功能，可分为：运输包装、贮藏包装、销售包装等。

（8）按包装技术方法，可分为：防震包装、防湿包装、防锈包装、防霉包装等。

3. 商品包装的要素

商品包装应该包括商标或品牌、形状、颜色、图案和材料等要素。

（1）商标或品牌。商标或品牌是包装中最主要的构成要素，应在包装整体上占据突出的位置。

（2）包装形状。适宜的包装形状有利于储运和陈列，也有利于产品销售，因此，形状是包装中不可缺少的组合要素。

（3）包装颜色。颜色是包装中最具刺激销售作用的构成元素。突出商品特性的色调组合，不仅能够加强品牌特征，而且对顾客有强烈的感召力。

（4）包装图案。图案在包装中如同广告中的画面，其重要性、不可或缺性不言而喻。

（5）包装材料的选择。包装材料的选择不仅影响包装成本，而且也影响商品的市场竞争力。

（6）产品标签。在标签上一般都印有包装内容和产品所包含的主要成分、品牌标志、产品质量等级、产品厂家、生产日期和有效期、使用方法。

由于物品在从原材料采购、商品生产直至最后到达顾客手中，均需要对包装信息进行甄别，因此在物流包装中，包装的标记和标志尤为重要。

4. 物流包装的特点

包装作为物流的重要作业环节和功能，与物流其他环节，如仓储、运输等环节有很大的关联。因此，物流包装呈现出以下新的特点。

（1）保护商品的特性。保护商品是物流包装的基本特性，只有有效保护商品才能使商品完好无损地完成流通过程，实现所有权的转移。

（2）单元化特性。物流包装将商品以某种单位集中，包装规格要视物资的生产情况、消费情况以及物品的种类、特征及物流方式等确定。包装单元化的目的主要是方便物流和方便商业交易。

（3）标志性特性。包装的标志特性是指通过图形、文字、数字、特定记号和说明事项，方便运输、装卸搬运、仓储等工作的进行，保证货物安全迅速地运交收货人。物流包装的标志主要分为运输标志、指示性标志及警告标志。

（4）便利性特性。便利性表现为方便流通和消费，便于物流的各个环节的作业，便于商品陈列，便于包装物的生产及再生利用。

（5）商品特性。包装已成为商品价值的一部分，通过物流包装可以提高商品的价值，改善商品的形象。

（6）效率特性。通过对货物进行科学规范的包装，增加搬运装卸、运输保管、交易消费的便利性，大大提高物流效率。

（7）促销特性。在消费需求高度化的环境下，物流包装也具有较强的广告效应，能够引起消费者的注意，刺激消费者的购买欲望，满足消费者多层次多方面的需求。

（二）包装的材料与容器

1. 包装的材料

包装材料是用于制造包装容器和构成产品包装的材料总称。包装材料既包括组成运输包装、包装装潢、包装印刷等的有关材料和包装辅助材料，也包括缓冲材料、涂料、胶黏剂、捆扎和其他辅助材料。常用的包装材料主要有以下几种。

（1）纸包装材料。①包装纸，包括牛皮纸、中性包装纸、玻璃纸、有光纸与胶版纸、防潮纸、防锈纸、蜂窝纸、纸袋纸、干燥剂包装纸等。②包装纸板，包括白纸板、黄纸板、牛皮箱纸板、瓦楞原纸、箱纸板、蜂窝纸板等。

（2）塑料包装材料。塑料包装材料包括聚乙烯（PE）、聚氯乙烯（PVC）、聚丙烯（PP）、聚苯乙烯（PS）、聚酯（PET）、聚碳酸酯（PC）、聚酰胺（PA）、聚乙烯醇（PVA）、乙烯-醋酸乙烯共聚物（EVA）、乙烯-乙烯醇共聚物（EVOH）等。

（3）木材。①天然木材，包括针叶木材，如红松、落叶松、白松、马尾松等；阔叶木材，如杨木、桦木等。②人造板材，包括纤维板、木丝板、刨花板等；胶合板，如三夹板、五夹板等。

（4）金属包装材料。①黑色金属，包括薄钢板、镀锌薄钢板、镀锡薄钢板、镀铬薄钢板等；②有色金属，包括铝箔、合金铝箔、铝板、合金铝箔等。

（5）陶瓷材料。陶瓷材料包括粗陶瓷、精陶瓷、瓷器等。

（6）玻璃材料。

（7）复合类软包装材料。复合类软包装材料包括镀铝膜、铝箔复合膜、真空镀铝纸、复合膜、复合纸等。

（8）其他包装材料／辅料。①胶黏剂，包括冷胶、热熔胶、复合胶、增强剂、淀粉黏合剂、封口胶、乳胶、树脂、压敏胶黏剂等；②黏合带；③捆扎材料，包括钢带、聚酯带、聚丙烯带、尼龙袋等。

2. 包装的容器

包装容器是为储存、运输或销售而使用的盛装物品或包装件的总称，如盒、箱、桶、罐、瓶、袋等。包装容器多种多样，根据包装容器的功能、形状等特性将包装容器分成不同的种类。

（1）按包装容器的变形能力分为：软包装、硬包装等。

（2）按包装容器的形状分为：①包装箱，如纸箱、微瓦箱、普瓦箱、蜂窝纸板箱等；②包装盒，如彩盒、卡纸盒、瓦楞纸盒等；③包装袋，如塑料包装袋、塑料复合袋、单层塑料袋等；④包装瓶，如塑料瓶、玻璃瓶、普通瓶、水晶瓶等；⑤包装罐，如铁罐、铝罐、玻璃罐、纸罐等；⑥包装管，如软管、复合软管、塑料软管、铝管等；⑦其他包装容器，如托盘、纸标签、纸隔挡、胶带、瓶封、喷嘴、金属盖、泵等。

（3）按包装容器的结构形式分为：固定式包装、折叠式包装、拆解式包装、可携带包装、可挂式包装、开窗包装等。

（4）按包装容器的使用次数分为：一次性包装、多次使用包装、固定周转使用包装等。

（5）按包装容器的使用范围分为：专业包装、通用包装等。

（三）物流包装技术与装备

物流包装技术随着包装材料和包装机械的改进而不断发展，用于不同领域的包装的专业化程度也在不断提高。目前应用于物流系统的典型包装技术主要分为两类：一类面向运输仓储物流，主要涉及固定、缓冲、防潮、防锈、防霉等以最低的物质、资金、人工成本消耗保证内装产品安全抵达用户手中；另一类面向商业销售物流，主要涉及泡罩、贴体、收缩、拉伸等技术，使内装产品与包装制品共同形成销售单元。先进适度的物流包装技术是优化物流系统的重要硬件支撑，将有利于物流系统的整体发展。

1. 防霉防腐包装技术

为了保证商品的安全流通，必须对易霉腐物品进行防霉防腐包装。

（1）防霉防腐包装技术的分类。防霉防腐包装技术可以按照技术类别和是否密封来分类。

第一，根据技术类别，防霉防腐包装技术可分为：化学药剂防霉防腐包装技术，气相防霉防腐包装技术，气调防霉防腐包装技术，低温冷藏防霉防腐包装技术，干燥防霉防腐包装技术，电离以及紫外线防霉防腐包装技术，微波、远红外线和高频电场等防霉防腐包装技术。

第二，根据是否密封，防霉仿佛包装技术可分为：①密封包装，包括控制密封件内部环境，如采用抽真空、充惰性气体、除氧和使用防潮剂等工艺措施。上述方法应与包装件防潮、防锈综合考虑，有时只能在短期内推迟或抑制霉菌生长，正确使用挥发性防霉剂可以在较长时间内抑制霉菌生长。②非密封包装。包装件中易霉部分按技术条件要求防霉时，可采用防霉剂处理易霉材料，但要注意选用合适的防霉剂与防霉处理工艺，因为不同工艺的防霉有效时间不同，现有结果证明其差别可达几个月甚至十几年之多。加强包装管理，严格执行防潮和防腐等有关标准，控制生产流通环境，严密包装设计，均可以防止包装件受霉菌侵蚀，达到防霉的目的。

（2）防霉包装材料。在设计防霉包装时就应注意选用不易被霉菌利用的材料。一般而言，包装材料的耐霉程度可分为以下三种。

第一，耐霉材料。耐霉材料大部分为人工合成材料与无机材料，不能给霉菌提供营养物质。

第二，半耐霉材料。半耐霉材料应用最广，由耐霉与不耐霉物质混合组成，耐霉性能不稳定。其耐霉程度主要取决于组成物质、添加剂以及混合组成时的生产工艺，例如以木粉为填料的热压塑料件、环氧漆、聚烯膜和人工合成橡胶等。

第三，非耐霉材料。在霉菌试验时其长霉程度严重，此类材料大都是天然有机材料及其制成品，能提供霉菌生长的养料，如纸张、木材、棉纺织品、天然橡胶、皮革以及含有这些材料的制品等。

2. 防潮包装技术

物品在流通过程中，不可避免地会受到环境中潮气的侵袭，严重受潮将会导致内装物变质和失效，而防潮包装就是采用具有一定的隔绝水蒸气能力的防潮材料对产品进行包封。防潮包装一般分为两类：一类是为防止被包装的含水产品失去水分，保证产品的性能稳定，可采用具有一定透湿度的防潮包装材料；另一类是防止被包装物品增加水分影响物品质量，在包装容器内增加一定的干燥剂，减缓包装内湿度的上升速度并延长防潮包装的有效期。

具体的包装方法分为以下两种。

（1）采用透湿度为零或接近于零的金属或非金属容器将产品包装后加以密封。其中不加干燥剂的包装有真空包装、充气包装等；加干燥剂的包装，一般选用硅胶和蒙脱石。

（2）采用较低透水蒸气性的柔性材料，将产品加干燥剂包装，并封口密封，包括单一柔性薄膜加干燥剂包装，复合薄膜加干燥剂包装，采用不同的较低透水蒸气性材料进行多层包装。

3. 防震包装技术

物品在物流的过程中，会受到力的作用，可能发生机械性损坏。为防止物品遭到破坏，就要设法减小外力的影响。防震包装就是减缓内装物受到冲击和破坏而采取一定措施的包装。防震包装又称缓冲包装，在各种包装方法中占有重要地位。

防震包装的主要作用是减小冲击和震动对被包装物品的影响。防震包装考虑冲击和震动的影响，所用材料叫防震缓冲材料或防震材料、缓冲材料，主要有四种：全面防震包装、部分防震包装、悬浮式防震包装和联合方式的防震包装。

（1）全面防震包装法。全面防震包装法，是指内装物与外包装之间全部用防震材料填满来进行防震的包装方法，根据所用防震材料不同又可分为以下五种。

第一，压缩包装法。用弹性材料把易碎物品填塞起来或进行加固，这样可以吸收振动或冲击的能量，并将其引导到内装物强度最高的部分。其中弹性材料一般为丝状、薄片和粒状，以便很好地对形状复杂的产品进行填塞，防震时能有效地吸收能量、分散外力，有效保护内装物。

第二，浮动包装法。和压缩包装法基本相同，不同之处在于所用弹性材料为小块衬垫，这些材料可以位移和流动，可以有效地充满直接受力部分的间隙，分散内装物所受冲击力。

第三，裹包包装法。采用各种类型的片材把单件内装物裹包起来放入外包装箱盒内，这种方法多用于小件物品的防震包装上。

第四，模盒包装法。利用模型将聚苯乙烯树脂等材料做成和制品形状一样的模盒，用其来包装制品，达到防震作用。这种方法多用于小型、轻质制品的包装上。

第五，就地发泡包装法。这是以内装物和外包装箱为准，在其间充填发泡材料的一种防震包装技术。这种方法很简单，主要设备包括盛有异氰酸酯和多元醇树脂的容器及喷枪，使用时首先需把盛有两种材料的容器内的温度和压力按规定调好，然后将两种材料混合，用单管道通向喷枪，由喷头喷出。喷出的化合物在 10 秒后即开始发泡膨胀，不到 40 秒的时间即可发泡膨胀到本身原体积的 100～140 倍，形成的泡沫体为聚氨酯，经过 1 分钟变成硬性和半硬性的泡沫体，这些泡沫体能将任何形状的物品包住。

（2）部分防震包装法。部分防震包装法是指对于整体性好的产品和有内包装容器的产品，仅在产品或内包装的拐角或局部地方使用防震材料进行衬垫即可。所用防震材料主要有泡沫塑料的防震垫、充气塑料薄膜防震垫和橡胶弹簧等。该方法主要是根据内装物特点，使用较少的防震材料，在最适合的部位进行衬垫，力求取得好的防震效果，并降低包装成本。部分防震包装法适用于大批量物品的包装，目前广泛用于电视机、收录机、洗衣机、仪器仪表等的包装上。

（3）悬浮式防震包装法。对于某些贵重易损的物品，为了有效地保证在流通过程中不受损害，往往采用坚固的外包装容器，把物品用带子、绳子、吊环、弹簧等物吊在外包装中，不与四壁接触，也称为悬浮式防震包装法。

（4）联合包装方法。它是指在实际缓冲包装中常将两种或两种以上的防震方法（称为联合包装方法）配合使用。例如，既加铺垫，又填充无定形缓冲材料，使产品得到更充分的保护。有时也可把不同材质的缓冲材料组合起来使用，例如可将厚度相等的异种材料并联使用，也可将面积相等的异种材料串联结合使用。

4. 防虫包装技术

物品在储存过程中易受到仓库害虫的危害，仓虫不仅蛀蚀动植物性商品和包装物，而且还排泄污物污损商品，影响物品的质量和外观。因此在物流作业中，特别是仓储中，防虫包装技术非常重要。常用的防虫包装技术分为以下两种．

（1）充气包装。充气包装是采用二氧化碳气体或氮气等不活泼气体置换包装容器中的空气的一种包装技术方法，也称为气体置换包装。这种包装方法是根据好氧性微生物需氧代谢的特性，在密封的包装容器中改变气体的组成成分，降低氧气的浓度，抑制微生物的生理活动、酶的活性和鲜活商品的呼吸强度，达到防霉、防腐和保鲜的目的。在国际包装标准中用残氧量指标来进行限定，生产指标和上货架的指标不同，一般前者小于 3%，后者小于 1%。

（2）真空包装。真空包装是将物品装入气密性容器后，在容器封口之前抽真空，使密封后的容器内基本没有空气的一种包装方法。一般的肉类商品、谷物加工商品以及某些容易氧化变质的商品都可以采用真空包装，真空包装不但可以避免或减少氧化，而且可以抑制某些霉菌和细菌的生长。同时在对其进行加热杀菌时，由于容器内部气体已排除，因此加速了热量的传导，提高了高温杀菌效率，也避免了加热杀菌时，由于气体的膨胀而使包装容器破裂。

此外，还可在包装中放入有一定霉性和臭味的驱虫药物，利用药物挥发的气体驱除和杀灭各类害虫。

5. 其他包装技术

（1）防锈包装。防锈包装是指为了防止温度、湿度、氧气、二氧化碳、盐分、尘埃等导致金属或合金内装物变色和腐蚀而采取的防护措施和方法。防锈包装的作业工序包括清洗、干燥、防锈处理与包装等步骤。在选择合适的防锈包装时，要特别注意将制品的特点与防锈剂的特性结合起来考虑。

（2）保鲜保质包装。在物流过程中，为保证内装物有足够长的寿命，必须采取一系列的保护措施和方法。常用的保鲜保质包装主要有充气包装、真空包装、收缩包装、脱氧包装、泡罩包装及贴体包装。

（3）危险品包装。在物流的过程中，必须对不同的危险品进行包装，主要的包装技术有防毒包装、防蚀包装、防燃防爆包装技术。

（4）收缩包装。收缩包装就是用收缩薄膜裹包物品或内包装件，然后对薄膜进行适当加热处理，使薄膜收缩而紧贴于物品或内包装件的包装技术方法。收缩薄膜是一种经过特殊拉伸和冷却处理的聚乙烯薄膜，由于薄膜在定向拉伸时会产生残余收缩应力，这种应力吸收一定热量后便会消除，从而使其横向和纵向均发生急剧收缩，同时使薄膜的厚度增加，收缩力在冷却阶段达到最大值，并能长期保持。

（5）拉伸包装。拉伸包装是 20 世纪 70 年代开始采用的一种新包装技术，它是由收缩包装发展而来的，拉伸包装是依靠机械装置在常温下将弹性薄膜缠绕住被包装件进行拉伸、紧裹，并在其末端进行封合的一种包装方法。由于拉伸包装不需要进行加热，所以消耗的能源只有收缩包装的二十分之一。拉伸包装可以捆包单件物品，也可用于托盘包装之类的集合包装。

（6）脱氧包装。脱氧包装是继真空包装和充气包装之后出现的一种新型除氧包装方法。脱氧包装是在密封的包装容器中，使用能与氧气起化学反应的脱氧剂，从而除去包装容器中的氧气，以达到保护内装物的目的。脱氧包装方法适用于某些对氧气特别敏感的物品，适用于那些即使有微量氧气也会使物品品质变坏的食品包装。

6. 物流包装机械

包装机械是指完成全部或部分包装过程的一类机器。包装过程包括充填、裹包、封口等主要工序，以及与其相关的前后工序，如清洗、堆码和拆卸等。此外，包装还包括计量或在包装件上盖印等工序。使用机械包装产品可提高生产率，减轻劳动强度，适应大规模生产的需要，并满足清洁卫生的要求。物流包装机械是使产品包装实现机械化、自动化的根本保证，在现代物流中起着重要的作用。物流包装机械按照不同的标准有不同的分类。

（1）按功能可分为：单功能包装机和多功能包装机。单功能包装机根据流程可分为：填充机械装备、罐装机械装备、裹包机械装备、封口机械装备、贴标机械装备、捆扎机械装备、干燥机械装备、杀菌机械装备、集装机械装备等。多功能包装机是指具有两种或两种以上功能的包装机械。

（2）按使用目的可分为：内包装机和外包装机。

（3）按包装品种可分为：专用包装机和通用包装机。

（4）按自动化水平可分为：半自动包装机和全自动包装机。

（5）按包装时间可分为：包装前机械、包装中机械以及包装后机械。

（6）按包装物的状态可分为：液体包装机、块状包装机、颗粒包装机、粉状包装机等。

（7）按包装材料可分为：纸制品包装机、金属罐头包装机、玻璃瓶包装机、塑料包装机等。

（四）包装标记与标识

1. 物流包装标记

物流包装的标记是根据物品的自身特性，用文字、图形、表格等按照有关规定标明的记号，通常要标明物品的名称、数量、质量、规格尺寸、出厂时间等，进口物品还要标明进口单位、商品类别、贸易国及进口港，物流包装标记分为以下四类。

（1）基本标记。用来说明物流实体的基本情况，例如商品的名称、规格、型号等，时效性较强的物品还要写明成分、保质期等。

（2）运输标记。主要标明起运、到达地点、发货单位、收货单位，等等。按国际标准化组织的建议，运输标记包括：①收货人名称的英文缩写或简称；②参考号，如订单、发票或运单号等；③目的地；④件号。

（3）牌号标记。标明物品的名称，不提供有关物品的其他信息，印制在包装的显著位置。

（4）等级标记。说明物品质量等级的记号，通常有"一等品""优质产品""合格产品""获奖产品"等字样或相关符号。

2. 物流包装标志

物流包装的标志是用文字、符号、图像说明包装物品的特性、物流活动的安全及理货分货和注意事项。主要分为以下五类。

（1）识别标志。识别标志是外包装件上的商品分类图示标志及其他标志和其他文字说明排列格式的总称，主要分为分类标志、供货号、体积、收发货地点、收发货单位、运输号、件数等。

第一，识别标志的具体内容，根据各国家标准执行。

第二，商品分类标志。

第三，收发标志尺寸，按照各国标准进行。

第四，图示标志图形，包括百货、文化、五金、交电、化工、针纺、医药、食品、农副产品、农药、化肥、机械等。

第五，收发标志的字体。标志须清晰、醒目、不脱落、不褪色。

第六，收发标志的颜色。按各类商品类别使用单色印刷。

第七，收发标志的方式。包括印刷、刷写、粘贴、拴挂等。

第八，标志位置。按照各国的标准进行。

（2）指示性标志。指示性标志是一种操作注意标志，用图形和文字来表达。按商品的特点，对于易碎、需防湿、防颠倒等物品，在包装上用醒目的图形或文字，标明"小心轻放""防潮湿""此端向上"等。指示性标志包括：必须平放——KEEPFLAT、从此处吊起——SLIDE HERE、小心轻放——HANDLE WITH CARE 等。

（3）警告性标志。警告性标志是根据某些危险特征如易燃、易爆等，在货物包装上印制的图形和文字。它能帮助有关人员采取防护措施确保货物的完好无损以及人身安全。外包装上常印制的警告性标志有：易燃压缩气体——FLAMMABLE COMPRESSED GAS、爆炸品——EXPLOSIVES、有毒品——POISON 等。

警告性标志的标打，可采用粘贴、钉附及喷涂等方法，同时注意标志位置的正确性。每种危险品包装件按其类别粘贴相应的标志，但如果某种物质或物品还有属于其他类别的危险性质，包装上除了粘贴该类标志作为主标志以外，还应粘贴表明其他危险性的标志作为副标志，副标志的下角应标有危险货物的类项号。

（4）重量体积标志。运输包装外通常需标明包装的体积和毛重，以便在储运过程中安排装卸作业和舱位，一般情况下，在外包装上要标明物品包装的体积。

（5）产地标志。产地标志，亦称原产地名称，即一个国家、地区或地方的地理名称，用以表明某类产品的原产地。

（五）物流包装的标准

包装标准是指为保障物品在贮存、运输和销售中的安全和科学管理的需要，以包装的有关事项为对象所制定的标准。是为了取得物品包装的最佳效果，根据包装科学技术、实际经验，以物品的种类、性质、质量为基础，在有利于物品生产、流通安全和厉行节约的原则上，经有关部门充分协商并经一定审批程序，而对包装的用料、结构造型、容量、规格尺寸、标志以及盛装、衬垫、封贴和捆扎方法等方面所作的技术规定，从而使同种、同类物品所用的包装逐渐趋于一致和优化。由于包装标准是国家的技术法规，具有权威性和法制性，因此，一经批准颁发的包装标准，无论是生产、使用和管理部门以及企业单位都必须严格执行，不得更改。

包装标准包括以下六类。

（1）包装基础标准。主要包括包装术语、包装尺寸、包装标志、包装基本试验、包装管理标准。

（2）包装材料标准。包括各类包装材料的标准和包装材料试验方法。

（3）包装容器标准。包括各类容器的标准和容器试验方法。

（4）包装技术标准。包括包装专用技术、包装专用机械、防毒包装技术方法、防锈包装等标准。

（5）产品包装标准。包括各类产品的包装要求、包装规范、包装设计等方面的标准。

（6）相关标准。主要指与包装关系密切的标准，诸如集装箱技术条件、尺寸、托盘技术条件、尺寸、叉车规格等。

（六）物流包装的合理化

1. 物流包装合理化的表现

合理的物流包装在生产和流通中有重要意义，合理的物流包装能够有效保护物品、提高生产效率、提高物流活动的综合效率、减少对环境的污染。包装合理化主要表现为以下方面。

（1）包装的轻薄化。当包装只是起保护作用时，对产品使用价值没有任何意义，因此在强度、寿命、成本相同的条件下，更轻、更薄、更短、更小的包装，可以提高装卸搬运的效率。

（2）包装的单纯化。为了提高包装作业的效率，包装材料及规格应力求单纯化，包装规格应标准化，包装形状和种类也应单纯化。

（3）符合包装单元化和标准化的要求。包装的规格与托盘、集装箱关系密切，应考虑到与运输车辆、搬运机械的匹配，从系统的观点制定包装的尺寸标准。

（4）包装的机械化与自动化。为了提高作业效率和包装现代化水平，各种包装机械的开发和应用是很重要的。

（5）注意与其他环节的配合。包装是物流系统组成的一部分，需要和装卸搬运、运输、仓储等环节一起综合考虑、全面协调。

（6）有利于环保。包装是产生大量废弃物的环节，因此，包装材料最好可反复多次使用并能回收再生利用。在包装材料的选择上，还要考虑不会对人体健康产生不利影响，不会对环境造成污染，即所谓的"绿色包装"。

为此，在进行包装设计时，要考虑包装合理化的设计要求，主要做到：掌握流通实况，发挥最经济的保护功能；实行包装标准化；协调与生产的关系；注意装卸及开启的方便性。

2. 物流包装合理化的要点

包装与物流各环节都有密切的联系。因此，物流包装必须合理化。物流包装合理化的要点包括以下几点。

（1）从物流总体角度出发，用科学方法确定最优包装。产品从出厂到最终销售目的地所经过的流通环境条件，如装卸条件、运输条件、储存条件、气候条件、机械条件、化学和生物条件等都对包装提出了要求。从现代物流观点看，包装合理化不单是包装本身合理与否的问题，而是整个物流合理化前提下的包装合理化。影响包装的物流环节主要有：

第一，装卸环节。不同的装卸方法决定着不同的包装。例如中国目前的铁路运输和汽车运输，大多采用手工装卸，因此，包装的外形和尺寸就要适合人工操作。此外，装卸人员素质低，作业不规范也直接引发商品损失。因此，引进装卸技术，提高装卸人员素质，规范装卸作业标准等都会相应地促进包装及物流的合理化。

第二，保管。在确定包装时，应根据不同的保管条件和方式而采用与之相适合的包装强度。

第三，运输。运输工具的类型、输送距离的长短、道路情况等对包装都有影响。例如中国现阶段存在很多种不同类型的运输方式，包括航空的直航与中转，铁路快运集装箱，包裹快件，行包专列，汽车的篷布车、密封厢车等，各种不同的运送方式对包装都有着不同的要求和影响。

（2）防止包装不足和包装过剩。一方面，由于包装强度不足、包装材料不足等因素所造成商品在流通过程中发生的损耗不可低估；另一方面，由于包装物强度设计过高、保护材料选择不当而造成包装过剩，这一点在发达国家表现突出。

（3）不断改进包装。改进包装应注意以下四个方面：

第一，采用单元货载尺寸和运输包装系列尺寸。物流系统高效率化的关键在于使单元货载系统化。所谓单元货载系统化是把货物归整成一定数量的单件进行运输。其核心是自始至终采用托盘运输，即从发货到货后的装卸，全部使用托盘运输方式。单元货载尺寸是运输车辆、仓库、集装箱等能够有效利用的尺寸。卡车的车厢规格，也最好按单元货载尺寸的要求制造，使装载货物时既不致超出也不致空余。

第二，包装大型化。随着交易单位的大型化和物流过程中搬运的机械化，单个包装亦趋大型化。如作为工业原料的粉粒状货物，就使用以吨为单位的柔性容器进行包装。大批量出售日用杂货或食品的商店因为销售量大，只要不是人力搬运，也无须用 20 千克的小单位包装。包装单位大型化可以节省劳力，降低包装成本。与包装大型化同步的是最近有的批发商店，直接将工业包装的货物摆在柜台上，可见对这种大型化包装应给予足够的重视，由此也可以看出包装的趋势。

第三，包装机械化。包装过去主要是依靠人力作业的人海战术。进入大量生产、大量消费时代以后，包装的机械化也就应运而生。包装机械化从逐个包装机械化开始，直到装箱、封口、捆扎等外包装作业完成。此外，还有使用托盘堆码机进行的自动单元化包装，以及用塑料薄膜加固托盘的包装等。包装机械化对于节省劳力、货物单元化、提高销售效率，以及无人售货方式等均是必要的、不可缺少的。

第四，节省资源的包装与拆装后的废弃物处理必须和社会系统相适应。包装的寿命很短，多数到达目的地后便废弃了，但随着物流量的增大，垃圾公害问题提上议事日程。随着对"资源有限"认识的加深，包装材料的回收利用和再生利用受到了重视。今后应尽可能地积极推行包装容器的循环使用，并尽可能地回收废弃的包装容器以再生利用。

（七）绿色包装发展

"现代物流系统中有着许多非绿色的元素，特别是在包装的子系统中，运输包装的发展造成的环境问题越来越明显，因此必须改变传统的包装模式，建立社会市场经济发展需要的绿色包装来实现经济社会和物流业自身的可持续发展。"[①]绿色包装设计是以环境和资源为核心概念的包装设计过程，具体是指选用合适的绿色包装材料，运用绿色

---

① 孙伟. 浅谈绿色物流包装 [J]. 产业创新研究，2022（08）：69-71.

工艺手段，为包装商品进行结构造型和美化装饰设计。目前绿色包装的内涵主要包括：①包装减量化；②包装易于重复利用或再回收；③包装废弃物可降解腐化；④包装材料应无毒无害；⑤包装材料在整个生命周期中，均不应对环境产生污染。

绿色包装的材料要素包括基本材料（纸类材料、塑料材料、玻璃材料、金属材料、陶瓷材料、竹木材料以及其他复合材料等）和辅助材料（黏合剂、涂料和油墨等）两大部分，是包装三大功能得以实现的物质基础，直接关系到包装的整体功能和经济成本、生产加工方式及包装废弃物的回收处理等多方面的问题。

1. 物流包装的绿色环保发展

下面以冷链物流运输包装为例，解读物流包装的绿色环保发展策略。

（1）制定统一的包装标准。冷链物流包装国家标准的制定，是促进包装标准化的实施和提高冷链物流包装水平的重要举措。包装标准化的推广与实施有利于解决市场中过度包装和包装作业不规范的问题，使用标准化、规范化、统一化的冷链物流包装并进行标准系统的包装作业是包装标准化的重点。

政府作为推动者，应当根据市场现状和已有标准，推行适用性高的权威国家标准。标准中应具体详细地对冷链包装的尺寸、材料、设计和作业等各个方面进行规定和限制。同时政府要发挥作用，推动并监督标准在市场上的实施，确保相关企业与个人严格遵循标准，并且对标准实施的效果进行评定，进一步修改和规范。

（2）规范包装的作业流程。推进冷链包装规范化的第一步就是统一冷链物流包装模式，建立从市场到民众和政府普遍认同的合理规范，减少随意包装作业的行为。应有政府或龙头企业引领，在整个行业中建立共识，结合市场现状和行业水平，制定一个符合我国现阶段冷链包装的规范化作业流程，包括包装设计、包装生产、包装作业、冷链运输和回收等覆盖冷链物流全过程的各种方面。同时，在行业范围内使用互联互通的冷链物流信息系统，此举不仅可以使冷链物流包装作业更符合规范，而且方便运输、利于销售和监督。

包装作业过程的规范化势在必行，在规范化作业建立的同时，还要培养专业人员进行冷链物流包装作业。包装作业的过程应根据不同的货物规定不同的包装流程和方法，以规范冷链包装各个环节的作业内容，减少资源的沿用和浪费，可使得作业效率提高、成本降低。

（3）推广新型环保的包装材料。在未来，新材料的使用是新型冷链包装的重点和关键，冷链包装应当使用绿色环保、无毒无害且可降解的新材料，逐渐降低普通塑料包装、胶带等材料的使用量，减少传统包装材料对环境的污染和对人体健康的危害，做到可持续发展。

开发对环境友好、高效的生鲜果蔬物流保鲜新材料。将纳米材料技术、生物技术与智能技术结合，研发绿色防腐保鲜、环境友好的活性智能新包装；开发新型高效储冷材料以及减振、隔热新材料，有效降低生鲜果蔬冷链物流的能耗。新材料的推广需要政府的支持和企业的配合，在各方的共同作用下，新材料才可以逐渐代替旧材料成为行业主流。

（4）建立包装的回收循环体系。建立包装的回收循环体系是一项至关重要的环保举措，旨在有效管理和处理日益增长的包装废弃物，减少对环境的负面影响。

第一，建立完整的回收系统，制定一套合理的回收规范，在冷链运输终端通过直接回收或统一回收的方式对包装进行回收作业，将货物送到顾客手中时可以带回可回收和有重复利用价值的包装，如回收冷链包装箱、冰袋等。在回收后，回收工作人员要将已回收的包装进行消毒、分类、筛选、再加工等工序，使这些包装在处理过后可以再次投入使用，做到循环利用。

第二，包装废弃物回收体制的建立，需要多方的共同努力。快递公司、包装公司、政府、消费者要明确自己的责任，为快递包装回收体制的建立共同努力。同时，包装的设计和材料也应当满足可回收、再利用的要求，为回收工作降低难度，符合可持续发展的理念。

此外，在整个社会范围内应当积极宣传回收再利用的理念，出台回收和循环利用的相关法律法规以形成规范，促使全民响应国家"全面节约资源"的号召，减少一次性包装的使用。同时，要使回收的渠道便捷可行，在社区、街道和快递点等各处设立回收点，让人们可以做到随时轻松地回收再利用。

2. 物流包装的绿色标准化

标准化与绿色化是未来物流包装发展的重要趋势，绿色包装标准化是指对包装尺寸、包装类型、包装整体结构制定统一的标准。绿色包装标准化的内容包括：①包装材料试验方法的统一；②规范包装规格，防止包装乱象；③包装标志整齐划一；④制定严格的产品保护方。绿色包装标准的制定，需要对产品以及包装特性进行综合考虑，设计出符合实际需要的绿色包装，以应对市场产品类型的易变性。

（1）生鲜农产品物流绿色包装成本构成。

第一，持有成本。包装持有成本一般包括在途库存成本、安全库存成本。

第二，运输成本。运输成本是指企业在接收到消费者订单后，根据消费者地理位置分布情况，制订相关的运输计划，安排相应的运输车辆所产生的物流成本。对于可循环包装，在消费者取出生鲜农产品后，需要退回空包装，退回的空包装容器则需要安排车辆将其送至企业，这又是另外所需要考虑的运输成本。

第三，采购成本。采购成本是指生鲜企业为了满足企业发展需求，需要采购符合产品规格尺寸的包装容器。企业可以购买以及租赁包装容器。因此，做好包装采购计划，可以有效地降低企业包装成本乃至整个企业的运营成本。

第四，回收成本。回收成本是指针对绿色包装后期回收处理工作所付出的成本，如绿色包装的分类整理、回收包装的存储、包装的拆解再利用等物流环节中所产生的一系列成本。做好包装回收处理工作，在节能环保的同时，也能够减少相关类似包装的再设计成本。对于可回收再利用的包装，通过科学规范的处理，对包装进行翻新再造，减少包装的生产成本，节约绿色包装生产资源。

（2）物流包装绿色标准化建议。

第一，政策支持。政府应当及时出台与生鲜农产品绿色包装标准化相关的法律法规，制约与激励并行。构建多渠道监督体系，发挥消费者、媒体等的监督作用，完善市场监督机制，对不符合标准的企业应当公开处理信息。

第二，体系支持。生鲜农产品绿色包装标准化应当融入节能、环保理念，加快推进绿色包装标准化体系建设，包括基础性标准、包装工艺标准、包装材料标准、包装容器标准和包装管理标准等五大标准。绿色包装基础性标准指的是绿色包装商标以及绿色包装，主要包含商标的统一、包装容器表面明确生产日期、保质期、单价、净含量等基础产品信息；包装工艺标准指的是真空包装工艺、气调包装工艺以及活性包装工艺标准的制定，主要针对的是产品内部二氧化碳、氧气和氮气的调节，以保证产品质量；包装材料标准指的是产品保鲜包装膜材料、包装箱材料标准的制定；包装容器标准指的是冷藏周装箱、社区自提箱、快递保温箱标准的制定；包装管理标准冷藏物流运输、保鲜包装设备和人员标准的制定。

第三，企业支持。企业作为实施包装标准化的主体之一，其在标准化建设中扮演重要角色。①企业应当严格执行包装标准，杜绝违规生产。②企业应当变被动为主动，积极参与生鲜电商绿色包装标准制定以及修订工作，熟悉其标准及相关信息。通过参与生鲜电商绿色包装标准的制定，包装生产企业可以全面了解相关信息，严格按照包装标准来进行生产，加强产品质量检验，落实包装标准，严禁生产不符合标准的产品包装。电商企业按照标准来推行绿色包装，从而能够保证生鲜农产品质量，提升企业信誉与竞争力。③电商企业应当积极宣传绿色包装，引导消费者自觉遵守绿色包装回收规则，重视包装回收，提高消费者对绿色包装的依赖性。包装生产企业可以引进并采用国外先进技术，并且按照国际标准来进行包装生产，生产出具有国际竞争力的包装产品，扩大国际影响力。

第四，人才支持。绿色包装标准化的推行不仅需要政府政策的实施，同时也需要培养、引进大量的专业人才，加速推进绿色包装标准化建设。①设立专项研究项目，企业聘请专业包装技术人员，指导其绿色包装标准化的实施，并对实施过程中出现的问题进行解决，帮助企业尽快落实绿色包装标准化。②完善人才培养机制，应当积极培养绿色包装方面的人才，提升物流从业人员的专业技能与专业素养。

3. 物流包装的绿色回收

（1）政府层面。

第一，完善回收政策。吸收优秀回收政策，结合我国经济发展的实际需要，建立起一整套完善的回收再利用激励机制。政府可适当加大对进行包装回收工作企业的政策扶植，对进行包装回收的电商企业实行一定的政策倾斜，给予其一定的财政补贴，从利益角度让电商企业看到做好包装回收工作的前景。政府应当发挥其宏观调控的作用，制定出一系列清晰可操作性强的回收流程，鼓励包装生产企业、电商企业以及消费者等包装回收流程中的直接参与者树立包装回收意识，推动绿色包装的普及。

第二，规范行业标准。统一行业标准包括两个方面：①对包装生产企业规范管理具体指的是生产材料的统一、包装尺寸的统一等；②统一生鲜农产品电商企业的使用标准，鼓励生鲜农产品企业使用绿色包装，减少一次性包装的使用。

（2）企业层面。

第一，推行绿色包装。绿色包装可以更好地储存产品，因为绿色包装都是标准化的包装，搬运作业更为方便，从而增加了货物的整理流通率。

绿色包装的使用，能减少因运输包装破损造成的产品破损。另外，绿色包装因其生命周期比一般包装的生命周期长，运输长期产生的包装成本按照年份进行分摊，这使得每次周转的包装材料成本降低。当然，使用绿色包装，有益于环境保护，一方面，可以减少包装废弃物处理或掩埋场地；另一方面，温室气体的排放以及资源消耗也会随之减少。企业应当根据企业自身发展需求做好绿色包装的购买与租赁决策，短时间看，租赁绿色包装更具有成本优势，而从长远角度，绿色包装则会是最优选择。

第二，拓宽回收渠道。生鲜农产品电商包装的回收，可充分学习其他产品成功回收经验并加以运用，找到适合产品特性的包装回收方法。为响应国家对于包装回收体系的相关要求，电商企业应当担负起包装回收领导责任，随着信息技术的进步，建立健全起包装回收系统，让包装回收不再成为难事，以生鲜农产品电商包装为回收主体，建设一系列生鲜农产品电商包装回收体系。通过对生鲜农产品电商包装的逐级追溯、质量把控，以期能够全面促进生鲜农产品质量的提高。

现场配送，现场回收。配送人员进行生鲜农产品配送时，消费者接收并取出生鲜农产品后，配送人员将空包装进行回收。为了更好地保证包装回收工作的进行，企业可以对配送人员进行奖励，将包装回收纳入绩效管理机制中，以增加配送人员主动进行包装回收的积极性。另外，企业应当对进行包装回收的消费者予以一定的物质奖励，以刺激消费者进行包装回收。

搭建回收信息平台。企业可以通过平台对消费者所填写的包装信息，包括包装破损程度、包装类别、包装使用次数等方面，对包装进行一个初步的判断。企业这可以在不同配送区域内设置相应的回收点，做好包装回收车辆的合理安排、运输路径的合理优化工作，以满足配送区域的包装回收需求。

第三方回收。企业可以将绿色包装回收业务外包给专业的第三方回收企业，由专门的第三方回收企业负责包装回收，企业可以集中精力发展优势业务。

第三，引进物联网技术。企业可以对绿色包装进行统一记录和编号；企业可以对每日配送和绿色包装回收的数量做好统计；对每日在包装生产企业、在途和消费者中的绿色包装进行盘点；针对绿色包装出现的破损和丢失问题，及时对绿色包装编号进行标记，做好包装补充工作，并且分析绿色包装出现的破损和丢失的原因，总结经验教训，以便有效降低此类情况的发生。

企业可以通过物联网（IOT）技术以及 RFID 技术对所有绿色包装进行追踪管理。对每个绿色包装编制 RFID 标签，通过 RFID 标签，企业可以识别绿色包装标识信息、包装内部产品信息以及承运信息等，既可以了解绿色包装的进出情况，也可以对绿色包装运输过程进行实时信息处理。单个绿色包装在产品配送过程中呈现出多方对接、多点存储、循环使用等特点，因此必须利用物联网技术和应用网络创建信息网络平台（WMS等），以便对绿色包装进行更好的管理，促进绿色包装循环流通。

（3）消费者层面。消费者作为终端层面的践行者和促进方，应当积极参与到回收工作中，可以积极推动行业快速转型发展。在终端消费领域，消费者应与平台方相互促进，加强宣传，转变消费者的观念，对包装物进行有目的的分类处理，主动协助快递员关于包装物的回收工作，增加回收率。未来，只有通过物流流通中各个环节的共同配合，相互监督，才能真正落实快递包装回收工作，促进快递包装向绿色化转型，进一步推动电商包装行业的转型升级。

二、物流流通加工作业

"流通加工是指某些原料或产品从供应领域向生产领域，或从生产领域向消费领域流动的过程中，即在物品从生产者向消费者流动的过程中，为了有效利用资源、方便用户、提高物流效率、促进销售、维护产品质量，在流通领域对产品进行的初级或简单再加工。"[①]

（一）流通加工的作用

流通加工的作用主要表现在以下方面。

1. 节约材料，降低成本

节约材料是流通加工十分重要的特点之一。由于流通加工属于深加工性质，直接面对终端用户，综合多方需求，集中下料，合理套裁，充分利用边角材料，减少废钢、角钢等的浪费，做到最大限度的"物尽其用"，节约了大量的原材料。另外，流通加工一般都在干线和直线的节点进行，这样就能使大量运输做到合理运输，有效地缓解了长距离、大批量、少品种的物流与短距离、少批量、多品种物流的矛盾，实现物流的合理流向和物流网络的最佳配置，避免不合理的重复和迂回运输等，大幅度节约了费用，降低了物流总成本。

2. 满足客户多样化的需求

随着生产的规模化、效率化以及消费者需求的个性化发展，批量生产的产品很难满足客户的个性化需求。这就需要在流通领域进一步加工，以满足不同客户群体的需要，如在流通领域中将大包装拆改成小包装等。

3. 创造附加值，提高服务水平

在生产和消费之间，由于存在着生产的集中、大批量与消费者的分散、小批量之间的差异，形成了规模化大生产与千家万户消费者之间的场所价值和时间价值的空白，因此商品的价值和使用价值需要通过流通加工来实现。所以，流通加工在生产和消费者之间起着承上启下的作用，它把分散的用户需求集中起来，使零星的作业集约化，作为广大终端用户的汇集点发挥作用。

4. 提高加工效率与设备利用率

建立集中加工点，采用效率高、技术先进、加工量大的专门机具和设备，这样可以提高加工质量、设备利用率和加工效率，从而降低加工费用及原材料成本。

---

① 张倩，张世宁. 物流管理 [M]. 郑州：河南大学出版社，2014：160.

5. 发挥各种输送手段的优势

流通加工环节将物品的流通分成两个阶段。由于一般流通加工环节设置在消费地，从生产企业到流通加工这一阶段输送距离长，可以采用船舶、火车等大运输量输送手段；从流通加工到消费环节这一阶段输送距离短，主要利用汽车和其他小型车辆来配送经过流通加工后的多规格、小批量、多用户的产品。通过上述手段，可以充分发挥各种输送手段的优势，加快输送速度，节省运力和运费。

6. 改变功能，提高效益

在流通过程中进行一些改变产品某些功能的简单加工，其目的除上述几点外，还在于提高产品销售的经济效益。

（二）流通加工的内容

流通加工的内容概括起来主要有以下两个方面。

1. 消费资料

消费资料的流通加工以服务顾客、促进销售为目的。为了便于保存，提高流通效率，食品的流通加工是不可缺少的。流通加工最多的就是食品行业，这是因为食品行业的产品大都具有易变质、易腐烂、时效性强的特点。同时，食品的加工程度还会影响到国家的公共卫生安全。食品的流通加工是不可缺少的，如鱼和肉类的冷冻、蛋品加工、生鲜食品的原包装、大米的自动包装、新鲜牛奶的灭菌等。流通加工不仅可以提高客户服务水平，而且可以提高物流效率。

2. 生产资料

生产资料的流通加工是进行社会再生产的必要环节，它能够实现社会再生产的连续性和高效性。生产资料的流通加工中最具有代表性的是钢材、水泥、木材的流通加工。例如，钢材的流通加工是对薄板的剪裁切断、型钢的熔断、厚钢板的切割、线材冷拉加工；水泥的流通加工是利用水泥加工机械和水泥搅拌运输车进行；木材的流通加工是在流通加工点将原木锯裁成各种规格的木材。这种流通加工以适应顾客需求的变化、服务顾客为目的，不仅能够提高物流系统的效率，而且可以促进生产的标准化，提高商品的价值和销售效率。

（三）流通加工的类型

1. 弥补生产领域加工不足的流通加工

有许多产品在生产领域的加工只能到一定程度，因为存在许多因素限制了生产领域不能完全实现终极加工，因此，只能将未完成的加工放在流通领域来完成。例如，为了避免运输的困难，木材一般不在产地完成成材制成品，所以原生产领域只能将其加工到圆木、板方材这个程度，进一步的下料、切裁、处理等加工则由流通加工完成。这种流通加工实际上是生产的延续，是生产加工的深化，对弥补生产领域加工不足有重要意义。

2. 满足需求多样化进行的流通加工

从需求角度来看，需求存在着多样化和不断变化两个特点。为了满足这种要求，在没有流通加工前，经常是用户自己设置加工环节，这是生产企业和消费者都极不情愿的。为满足用户对产品多样化的需要，同时又保证社会高效率的大生产，将生产出来的单调产品进行多样化的改制加工是在流通加工中占有重要地位的一种加工形式。

3. 以保存产品为目的的流通加工

以保存产品为目的的流通加工，其目的是使产品的使用价值得到妥善保存，延长产品在生产和使用之间的时间距离。根据加工的对象不同，这种加工形式可表现为生活资料的流通加工和生产资料的流通加工。生活消费品的流通加工是为了使生活资料消费者对消费对象在质量上保持满意，生产资料的流通加工则是为了使生产资料的使用价值下降幅度最小。

4. 方便消费、促进销售的流通加工

为方便消费、促进销售的流通加工在加工的深度上更接近于消费，使消费者感到更加省力、省时、方便，从而起到促进销售的作用，如将大包装或者散装物分装成适合一次销售的小包装的分装加工。

5. 小实施配送为目的的流通加工

配送中心为实现配送活动，满足用户对物资供应的数量、供应构成的要求，将对物资进行各种加工活动，如拆整化零、定量备货、定尺供应等。随着物流技术水平的不断提高，流通加工活动有时在配送过程中实现。

6. 衔接不同运输方式，使物流合理化的流通加工

流通过程中衔接生产的大批量、高效率的输送和衔接消费的多品种、小批量、多户头的输送之间，存在着很大的矛盾，某些物流加工形式可以有效地解决这个矛盾。以物流加工为分界点，从生产部门至流通加工点可以形成大量、高效率的定点输送，从流通加工点至用户则可形成多品种、小批量、多户头的灵活输送。

7. 生产－物流一体化的流通加工

依靠生产企业与流通企业的联合，生产企业涉足流通，或者流通企业涉足生产，形

成对生产与物流加工进行合理分工、合理规划、合理组织，对生产与流通加工进行统筹安排，这就是生产—流通一体化的流通加工形式。

（四）流通加工的合理化

流通加工合理化的含义是实现流通加工的最优配置，在满足社会需求这一前提的同时，合理组织流通加工生产，并综合考虑运输与加工、加工与配送、加工与商流的有机结合，以达到最佳的加工效益。为避免各种不合理现象，需要对是否设置流通加工环节、在什么地点设置、选择什么类型的加工、采用什么样的技术装备等问题做出正确抉择。为了实现流通加工合理化，我们需要把握以下方面。

1. 加工与合理运输相结合

物流加工能有效衔接干线运输与支线运输，促进两种运输形式的合理化。利用流通加工，在支线运输转干线运输或干线运输转支线运输这本来就必须停顿的环节，不进行一般的支线与干线的互转，而是按干线或支线运输合理的要求进行适当加工，从而大大提高运输及运输转载水平。

2. 加工与配送相结合

加工和配送相结合是将流通加工设置在配送点中，一方面按配送的需要进行加工，另一方面又是配送业务流程中分货、拣货、配货之一环节，加工后的产品直接投入配货作业，这就不需要单独设置一个加工的中间环节，使流通加工有别于独立的生产，而使流通加工与中转流通巧妙结合在一起。同时，由于配送之前有加工，可使配送服务水平大大提高。

3. 加工与配套相结合

在对配套要求较高的流通中，配套的主体来自各个生产单位，但是，完全配套有时无法全部依靠现有的生产单位，进行适当流通加工，可以有效促成配套，大大提高流通的桥梁与纽带的作用。

4. 加工与合理商流相结合

通过加工有效促进销售，使商流合理化，也是物流加工合理化的考虑方向之一。加工和配送的结合，通过加工，提高了配送水平，强化了销售，是加工与合理商流相结合的一个成功的例证。

5. 加工与节约相结合

节约能源、节约设备、节约人才、节约耗费是流通加工合理化考虑的重要因素。对于流通加工合理化的最终判断，不是看其是否实现社会效益和企业效益，而是看其是否取得了最优效益。

第五节　配送形式与计划管理

一、配送的基本认知

配送是物流配送的简称，配送是在经济合理区域范围内，根据用户要求，对物品进行拣选、加工、包装、分割、组配等作业，并按时送达指定地点的物流活动。配送将"配"和"送"有机结合起来，配送是一种特殊的、综合的物流活动方式，是商流与物流相结合，包含物流若干功能要素的一种物流方式。

（一）配送的特点

1. 与物流比较，配送的特点

在许多方面，配送与物流有相同之处。但配送仍不同于物流，其具有以下三个方面的特点。

（1）功能特点。一般而言，物流实体运动的两大基本功能和支柱是运输和储存，而配送实体运动的两大基本功能是"配"和"送"。在这里，"配"主要是指货物的配备，包括货物的准备及分拣等，"送"主要是指货物的运送。

（2）区域不同。配送的区域与物流的区域存在着较大的差异。一般而言，配送大都局限在一定的区域范围内，而物流的区域限制范围则较小。一般将面向城市内和区域范围内需求者的运输称为"配送"，将生产中心之间的物品空间移动称为"运输"，将从配送中心到顾客之间的物品空间移动称为"配送"。

（3）服务特点。与物流相比较，配送更加强调服务性。因为，配送是从用户利益出发、按用户要求进行的一种活动，与顾客的关系更紧密，是"最终配置"。

2. 与运输比较，配送的特点

从运输角度考虑，配送是相对于干线运输而言的物流概念，从狭义上讲，货物运输分为干线运输和支线配送。与长距离运输相比，配送中的送货主要承担的是支线、末端的运输，是面对客户的一种短距离的送达服务。一般来说，把从工厂仓库到配送中心之间的批量货物的空间位移称为运输，而把从配送中心向最终用户之间的多品种小批量货物的空间位移称为配送。

（二）配送的过程

配送过程是指配送的工作过程，在实际的运作过程中，由于产品形态、企业状况及顾客要求存在着差异，因而配送过程也会有所不同，甚至会存在着较大的差异。但从一般情况来看，一个较为完整的配送工作流程如下。

第一，进货。进货是配送的一项基础性工作，它主要包括货源的订购、集货、进货以及相关的质量检验、结算和交接工作等。

第二，储存。储存是进行配送的第二环节，也是进行配送的一个重要且必要的环节。配送中的储存有储备及暂存两种形态。储备是按一定时期配送规模要求合理的储存数量，它形成了配送的资源保证。暂存是在进行配送过程中，为方便作业而在理货场所进行的货物贮存。一般来说，储备的结构相对稳定，而暂存的结构易于变化。储备的时间相对较长，而暂存的时间较短。

第三，分拣、理货。分拣是对货物按照进货和配送的先后次序、品种规格和数量大小等所进行的整理工作。在实际工作中，理货应与保管紧密衔接起来，谨防由于环节上的脱节而造成不应有的损失。

第四，配货与配装。配货是依据用户的不同要求，从仓库中提取货物而形成的不同货物的组合。配装是根据运能及线路等形成的货物装配组合。

第五，送货。送货是依靠运输工具等将装配好的货物送达目的地的一种运输活动，属于末端运输或支线运输。一般来说，运输的距离较短、规模较小且频率较高。

第六，交货。交货是将货物送达目的地后，将货物交付给用户的一种活动。在交付过程中，交货人员或配送人员应向用户办理有关的交接手续，而快捷方便的交接手续是提高效率的一个重要因素。

配送作业过程的六个环节紧密连接、相互促进和相互制约。因此，要提高配送效率及客户满意度，就应有效地处理好这些环节之间的衔接关系，特别是要处理好作业过程中的两个关键环节——分拣理货和送货。

在以上六个环节中，可以把配送分为两个大的阶段：第一个阶段是准备阶段，主要包括进货与储存；第二个阶段是配送阶段，一般包括分拣与理货、配货与配装、送货、交货。

（三）配送的意义和作用

1. 对物流系统的意义和作用

（1）配送完善了整体物流系统。配送是构成整体物流系统的一个重要系统，处于物流活动的末端，它的完善和发展将会促使整个物流系统得以完善和发展。

（2）配送强化了整体物流的功能。

（3）配送提高了整体物流的效率。

2. 对用户的意义和作用

（1）对于需求方来说，配送可降低其库存（甚至可实现零库存），减少库存资金占用，改善财务状况，降低经营成本。

（2）对于供应方来说，配送可提高企业的服务水平，降低配送成本，提高配送效率，增强企业的竞争能力。

3. 对配送企业的意义和作用

（1）配送会大幅度地提高配送企业的配送效率。

（2）配送会大幅度地提高货物供应的保证程度，降低用户因缺货而产生的风险，提高客户满意度。

（3）配送有利于提高企业效益。

（4）配送有利于提高企业的管理水平。

二、配送形式的分类与管理

配送形式是指配送所采取的具体方式。配送有很多形式，且各有不同的特点。

（一）根据配送商品种类与数量划分

按配送商品种类与数量划分，配送包括多品种、少批量配送，少品种、大批量配送和成套配送。

1. 多品种、少批量配送

多品种、少批量配送是按照用户的需要，将所需的各种货物配备齐整后，由配送地送达目的地的一种配送方式。该种配送方式符合现代消费者个性化、多样化的发展趋势，也是现代配送发展的一种主要方式。

在实际配送过程中，这种方式对配送的作业水平、管理水平等有较高的要求，它不仅要求配送方有相应的配送设备、较强的作业能力，而且也要求配送方有较高的管理水平，以保证各作业环节的协调性。一般来看，该种方式的配送成本较高。

多品种、少批量配送方式一般适合于综合配送中心所进行的配送，从社会总产品的角度来考察，一般适合于消费资料及二、三类生产资料。从库存角度来看，比较适合于

B 类产品和 C 类产品 ①；从距离上来看，一般适合于短距离的配送。

2. 少品种、大批量配送

一般来说，当用户所需货物的品种较少，需求量较大且需求相对稳定时，可采取这种配送形式。这种配送形式因批量较大，一般不需要对货物进行配装，可直接采用整车方式进行配送。

在实际配送过程中，这种配送形式相对于多品种、少批量配送形式来说，配送作业的难度一般较小，配送成本也相对较低，配送距离也相对较长。一般适合 A 类产品的配送。这种配送，一般适合专业性配送中心进行的配送和供应方进行的配送。

3. 成套配送

当用户尤其是装配型企业需要多种零配件和配套设备时，可采用成套配送形式。该种配送方式适合于大型工程项目、新建企业前期建设以及企业整体迁移等。

（二）根据配送时间及数量划分

按时间及数量划分，配送包括定时配送、定量配送、定时定量配送、定时定量定点配送和即时配送等。

1. 定时配送

定时配送是按规定的时间或时间间隔所进行的配送。定时配送的时间，一般由供需双方确定。每次配送的品种及数量可预先确定，实行计划配送，也可以在配送之前由需方以商定的联络方式（如电话、传真、计算机网络等）通知配送方。

定时配送由于时间确定，可使用户根据自己的经营情况，安排接货力量（如人员、设备等），在最理想时间进货；也可使配送企业便于制定配送工作计划，合理安排车辆和规划路线，减少成本的投入。但当配送物品种类、数量有较大变化时，配货及车辆配装的难度则较大，会使配送方运力等安排出现一定的困难。

定时配送主要有三种方式，分别是日配、准时配送和快递。

（1）日配一般是在 24 小时之内将货物送达的配送方式。日配是定时配送的主要方式，尤其是在城市内配送，日配占有较大的比例。

从需求方面来看，日配适合三种情况：①适合于用户临时性、突发性的需求；②适合于用户不能较长期保存的库存；③适合于消费者所需的日常用品，特别是新鲜的、食品类商品等。

---

① A 类产品就是指在产品销售进程中，销量比较多，在库存管理方面需要大量备货的产品；B 类则是销量适中，可中轻度备货的产品；C 类则是在销量较差，可少量甚至不备货的产品。

从供给方面来看，日配适合四种情况：①由于商品或自身条件限制不能长期保存的库存；②适合于小型商店的经营；③适合于消费者需要的大型商品（如彩电、冰箱等）；④适合于处于"黄金宝地"位置的商店等。

（2）准时配送是按照双方协议的时间，准时将货物配送给用户的一种方式。这种方式和日配的主要区别在于：日配是向社会普遍承诺的配送服务方式，针对社会上不确定的、随机性的需求。准时配送则是根据双方协议进行送货，这种方式比日配更为精密，需要有较高的配送水平与系统支持。

（3）快递方式是一种快速送达的配送方式，能够在较短时间内将货物送达。一般来说，快递配送面向整个社会企业型和个人型用户，覆盖地区较为广泛，服务承诺期限按地域不同会有所变化。快递企业的典型代表有：美国的"联邦快递"、日本的"宅急送"等。

2. 定量配送

定量配送是按规定的批量在一个指定时间范围内进行的配送。定量配送最大的优点在于：可使供方、需方以及物流服务提供商能够按照事先确定的批量有计划地进行运作。供方可按事先确定的批量组织采购、生产与销售；需方可按事先确定的批量确定货物存放的空间及相应的装卸搬运设备；物流服务提供商可按事先确定的批量准备车辆等物流设备，安排配送计划。

3. 定时定量配送

定时定量配送是按规定的时间、规定的货物品种和数量进行的配送。这种配送兼有定时配送和定量配送的特点，特定性强、作业要求程度高、成本较大。

4. 定时定量定点配送

这是在配送过程中用户所普遍需求的配送形式、即将准确的货物数量在规定的时间，送到确定的目的地。它不仅要求配送方有较高的管理能力，而且要有较强的配送能力。

5. 即时配送

即时配送是针对临时突发性需求所进行的配送。在目前市场竞争日趋激烈，市场需求变化迅速的时代下，如何满足客户即时配送的要求，是摆在配送企业面前的一个棘手问题，也是现代配送需要研究的一个问题。

（三）根据配送地点与组织者划分

按配送地点与组织者划分，配送一般包括配送中心配送、配送点配送、仓库配送、商店配送和生产企业配送等。

1. 配送中心配送

配送中心专职从事配送业务的，一般来说，配送中心规模较大、功能齐备、配送能力较强、配送距离也较长，大都和用户有固定的配送关系。配送中心不仅可以承担工业企业生产所需的主要物资配送、大型工程项目需要的物资配送以及对商业企业实行的补充性配送等，还可以承担对专职配送点的货物补充性配送。

2. 配送点配送

配送点是在某一特定区域设置的专门从事该区域配送业务的网点。一般来说，配送点大都为配送中心的分支机构或下属机构，不独立对外进行商业活动，配送主要是根据配送中心的指令来进行。配送点配送的地理区域相对较小，距离也较近，配送的品种、数量较少，一般为小件商品，配送设备主要为运输设备和必要的仓储设施。

3. 仓库配送

仓库配送是指仓库所进行的配送。近年来，一些仓储企业在发展原有储存业务的基础上，为更好地满足市场的需要，扩大经营范围，逐步开展了配送业务。

4. 商店配送

商店配送是商店或商场所进行的配送活动。一般与零售相结合，配送规模、半径都较小，大都是即时配送。

5. 生产企业配送

组织者是生产企业，一般来说，配送的产品往往都是一些适用性较强，或企业自身生产的产品。

此外，按专业化程度划分，配送有综合配送与专业配送；按经营形式划分，配送有销售配送、供应配送、代存代供配送和销售供应一体化配送；按加工程度划分，配送有加工配送和非加工配送等。

（四）根据配送的服务对象划分

按配送的服务对象划分，配送包括企业对企业的配送、企业内部配送和企业对消费者的配送。

1. 企业对企业的配送

企业对企业的配送有两种基本情况：一是完全独立企业之间的配送，二是集团内部企业之间的配送。

第一种情况，配送一般是随着交易而发生的，同企业对消费者之间的配送相比较，具有配送批量规模大、频率低等特点。此外，企业对企业的配送，在大部分情况下属于供应链系统中企业之间的配送，需求相对稳定，且时间范围变化也较小，容易进行计划安排。因而配送的效率相对较高、成本也相对较低。在大部分情况下，该配送一般属于"分销配送"。

第二种情况由于是在集团内部进行的，其配送的计划性更强，物流的效率、成本以及服务水平将会比第一种情况更加优越。

2. 企业内部配送

企业内部配送大多发生在大型企业之中，主要有两种类型：一是连锁企业的内部配送，二是生产企业的内部配送。

连锁企业的内部配送，主要是总店在统一采购之后，由总店向各连锁店所进行的配送，其作用主要是为各连锁店的销售提供支持与服务。通常的做法是连锁企业建立配送中心，由配送中心根据各连锁店的需求进行配送。由于该种配送是在一个封闭的系统之中运行的，受外界的因素影响相对较小，有较强的计划性，也易于合理配置与利用资源，实现低成本、高效率的配送。

生产企业的内部配送，主要是企业向各生产车间或者分厂所进行的配送，也称为"供应配送"。目前主要有三种做法：①采购部门将所需要的原材料、设备等采购回来之后，按照各车间及分厂的需要进行配送；②企业设立专门的配送部门，采购部门将所需要的原材料、设备等采购回来之后，由配送部门负责配送；③采购部门负责采购，由供应商直接将原材料、设备配送到各车间与分厂。

3. 企业对消费者的配送

这是在一个大的开放系统中所进行的配送，虽然企业可以通过会员制、贵宾制等方式锁定一部分消费者，采取一种近似于连锁配送的方式，但是在大多数情况下，由于消费者需求的可变性、随机性以及苛刻性等，配送难度相对较大。

（五）其他配送形式

1. 共同型配送

共同型配送是针对小批量、多品种、高频率需求，为减少配送车辆、提高车辆装载率而对多数企业共同进行的配送。

（1）共同型配送的优点。

一般来说，共同型配送的优点主要包括以下几个方面。

第一，提高车辆装载率和运输效率，减少重复运输与交错运送，降低成本。

第二，提高物流效率，减少物流其他环节如装卸、验货等作业量。

第三，缓解交通压力、减少环境污染。

第四，提高服务水平。

（2）共同型配送的缺点。

共同型配送存在的问题，主要包括以下三个方面。

第一，容易泄露企业之间的商业秘密。

第二，在很多情况下，为提高装载率，共同型配送经常对货物采取配装的方式，容易造成货物的破损、丢失等。

第三，加大了运费的核算工作量与难度。

2. 一体化配送

一体化配送产生于 20 世纪 90 年代的日本，也称"一揽子物流"，是指将信息流与实物流融为一体来进行的配送运作，以达到"降低成本"和"提高服务水平"的目标。"一揽子"包含两层意思：一是"货架一揽子"，就是将某一货架群作为整体对象，不问进货地点和形态，将全部商品集中上货；二是"业务一揽子"，就是将各种业务"一揽子"完成。

一体化配送在商店配送中应用最为广泛。具体来说，一体化配送就是将商店作为起点，在把出库、供应链记录单、物流电子数据等信息纳入物流系统的同时，将一次性分品种进货、定时定量配送等作业组合在一起，完成商店整个配送的运作。

共同型配送与一体化配送的主要区别是共同型配送是"按商店进货系统"进行，而一体化配送是"按货架进货系统"进行。一体化配送与共同型配送相比较，最明显的优点是减少了商店业务工作量，降低了运营成本，提高了经济效益。在运作过程中，一体化配送充分重视了供应链的成本与效率。

3. 高频率、小批量配送

高频率、小批量配送形成的原因主要来自消费者需求的变化。目前消费者需求呈现出多样性、个性化、可变性的特点，在此情况下，零售商为了及早发现滞销商品及避免库存积压，其进货也呈现出高频率、小批量的特点。

（1）高频率、小批量配送的优点。高频率、小批量配送的开展，给零售商的经营活动带来了极大的便利，其优点主要表现在以下方面。

第一，消除了零售商的脱销。高频率、小批量的配送是进行"适品、适量、适时"

的配送和进货，零售商要求供应商对其供应要采用高频率、小批量配送，以降低缺货率和消除脱销。

第二，缩短了订、发货期间。零售商对批发商高频率、小批量配送的基本要求是订、发货期间缩短，这样零售业就可以削减商品库存面积，确保商场的商品陈列场地，减少商品的存货量但又不发生缺货。

第三，提供了多样化的流通加工。高频率、小批量配送是以消费者需求的高档次、多样化为背景的，为保障商店商品品种齐全、丰富，零售商要求配送商或供应商要提供商品分类、分装、标价、包装等多样化的流通加工服务。

第四，降低了验货成本。由于 POS 信息和 EOS 的使用，新售商品可根据统计结果有选择地进行销售，使商店库存压缩，商场效率提高。由于订、发货周期缩短，验货频率会相对增加，在此情况下，零售商为了提高效率，相应地要求供应商提供验货服务。

（2）高频率、小批量配送的缺点。高频率、小批量配送对零售商具有重要的作用，但对于供应商及配送服务商来说，其会产生以下问题。

第一，费用增加，主要表现在人工费增加、库内作业费和配送费增加。

第二，效率下降，主要是配送车辆装载率下降，总的运行距离长、配送车辆增加、接收货物的作业也较繁杂。

第三，带来城市交通拥挤、大气污染以及噪声等环境问题。

三、分拣作业方法与配送计划管理

（一）分拣作业方法

分拣是配送工作的第一步，是根据各个用户的需求来进行的。进行分拣时，首先要确定需要配送货物的种类和数量，其次是在配送中心或仓库挑选所需的货物。分拣工作可采用自动化的方式，也可采用手工方式，这主要取决于配送中心的规模及其现代化的程度。分拣主要有拣选和分货两种基本形式。

第一，拣选方式。拣选方式也称摘取方式，是在配送中心或仓库分别为每个用户拣选其所需要货物。此方式的特点是在配送中心或仓库里，每种货物的位置是固定的；该方法适应于货物类型多、数量少的情况；该种方式便于管理和实现现代化。

第二，分货方式。分货方式也称播种方式，是将需要配送的同一种货物，从配送中心或仓库集中搬运到发货场地，然后再根据各用户对该种货物的需求量进行二次分配。这种方式适用货物易于移动且同种货物需求量较大的情况。

第三，拣选方式和分货方式的比较。如果出货单数量不多，拣选方式和分货方式的效率与效果基本没有什么差别。

（二）配送计划

1. 配送计划的认知

配送计划就是未来行动的配送方案，有三个方面的属性：①配送计划是关于未来的；②配送计划是要付出行动实施的；③配送计划是一种方案。

配送计划的属性要求有两点：①计划必须付出行动，要进行实施。如果编制一个方案，不打算进行实施或付出行动，则其不能称为计划；②计划作为一种方案是可以进行调整的，但调整的范围、幅度不能过大，次数不能过多，否则就失去了计划的严肃性。如果客观实际情况发生了很大的变化，原有的计划已不适应客观情况与需要，则可以重新编制计划。

指标是配送计划的主要内容，任何一个配送计划都应该由一定的指标构成。从大的方面来说，配送计划的指标主要有利润指标、成本指标、效率指标和服务指标等；如果按环节来考虑，配送计划的标准主要有运输方面的指标、存货方面的指标、分拣方面的指标等。

2. 配送计划的种类

（1）基于时间的种类。以时间进行划分，配送计划可以划分为年度计划、季度计划、月度计划和日计划。一般来说，年度计划更注重资源配置和需求，而日计划则更重视操作。就编制程序来说，依次为年度计划、季度计划、月度计划与日计划。就操作来说，则依次为日计划、月度计划、季度计划和年度计划。

（2）基于业务的种类。按业务来划分，配送计划主要有配送主计划、日配送计划和特殊配送计划。

第一，配送主计划是指针对未来一定时期内，对已知客户需求进行前期的配送规划，便于对车辆、人员、支出等作统筹安排，以满足客户的需要。

第二，日配送计划是针对配送主计划，逐日进行实际配送作业的调度计划，例如订单增减、取消、配送任务细分、时间安排、车辆调度等。

第三，特殊配送计划是针对突发事件或者不在主计划范围内的配送业务计划，是配送主计划和日配送计划的必要补充。在实际过程中，特殊配送计划的执行不应影响配送主计划和日计划的执行。

3. 配送计划的编制

配送计划的编制程序是确保计划科学性的一个重要因素之一。一般来说，配送计划的编制程序主要包括确定编制配送计划的目的、收集整理资料、编制初步配送方案、确定配送计划等过程。

（1）确定编制配送计划的目的。一般来说，编制配送计划的目的主要包括实现配送资源的合理配置、满足用户的需求、降低配送成本等。

（2）收集整理配送资料。配送资料主要包括用户需求、货物特点、配送资源以及环境等方面的资料。用户方面的资料主要包括用户需求时间、地点、数量以及要求的服务等；货物方面的资料主要包括货物的形状、重量、理化性质等；资源方面的资料主要包括设施资源、车辆资源以及人员等；环境方面的资料主要包括政府政策、管理制度与各项规定等。

收集的资料要达到准确、及时、全面的要求。要达到这一要求，要确定收集资料的对象与内容，确定收集资料的方法，制定合理的收集方案。

对于所收集的资料，要进行归类、整理分析，根据编制的目的和资料特点合理进行分组。

（3）编制初步配送方案。编制初步配送方案就是根据编制的目的，在一定的环境条件下，将用户需求、货物特点、配送资源有机地组合在一起。在实际编制过程中，一般会形成高、中、低三种方案。要使编制的方案科学合理，在编制过程中，一要合理地选择编制计划的方法，要充分利用现代先进的计算机技术等。

（4）确定配送计划。确定配送计划就是根据所编制的方案，选出一种较好的方案作为配送计划。在选择方案的过程中，还要与用户进行充分的沟通与交流，获得用户的认可。同时对于已决定作为计划的方案要进一步进行优化，以达到最佳。

4. 配送计划的实施

（1）下达配送计划。配送计划确定后，就需将配送计划下达到各个部门，以便各个部门对配送计划有全面的了解，并充分熟悉本部门的任务、职责与作业要求，以保证计划的顺利实施。

（2）和用户进行沟通。配送计划确定好之后，让用户了解它是十分重要的，用户通过对配送计划的掌握和了解，就可以根据配送计划来安排自己的生产与经营活动。

（3）建立相应的实施保障机制。编制计划的目的是实施计划，为了保障计划的有效实施，建立相应的实施保障机制是非常重要的。实施保障机制包括责任制度、绩效考核评价制度等。

第三章　物流战略规划与管理

第一节　物流战略与物流战略管理

物流业是融合运输、仓储、货运代理和信息等行业的复合服务行业，涉及领域广，吸纳人数多，能够促进生产，拉动消费。在物流总体水平相对落后的情况下，必须加快发展现代物流，首先需要树立物流意识，认识到物流战略的意义，深入了解物流战略管理，以建立现代物流体系。因此，对于物流从业人员而言，了解物流战略定位、规划、选择、实施及控制具有非常重要的发展意义。

一、物流战略概述

现代企业管理已经从基于企业层面的计划和策划逐步转变为基于企业未来战略的规划。中国的物流行业刚开始全面起步，可以借鉴的经验不多，因此企业必须明确自己的战略方向、战略目标和战略措施。现代物流的高度集成性以及物流服务的综合性，要求企业在战略意义上整合资源和合理配置资源。现代物流对于中国企业来说，具有巨大的挑战性、复杂性和艰巨性。"企业物流处在传统与现代并存的发展阶段，新旧环境交替，机遇与挑战并存。"[1]

企业物流战略的基本目标包括降低成本、减少资金占用、改进服务。企业物流战略的目标与企业物流管理的目标是一致的，即在保证物流服务水平的前提下，实现物流成本的最低化。

近年来，不断延续的环境变化和新型营销体制的确立促使物流企业在战略上不断求新、求变，成为追求竞争优势的压力和动力。首先，货主的物流需求不断向高度化方向发展，这表现为追求在必要的时间配送必要量、必要商品的多频度少量运输或准时制，运输这种高水准的物流服务将逐渐普及，并成为物流经营的一种标准。其次，经营环境

① 张美. 现代企业物流战略的创新思路初探 [J]. 现代商业，2017（22）：22.

和新型营销体制对战略的影响除了需求方面的因素外，供给方面也有相当大的作用，这主要表现在从事物流经营的企业之间竞争日益激烈。在这一背景下，企业该如何根据自身的经营特点适时、有效地开展物流战略，成为企业谋求长远发展的重大课题。

物流战略是企业在充分了解市场环境和物流环境及分析自身物流条件的基础上，为适应未来环境的变化，以求得长期生存和不断发展，对企业物流发展目标、实现物流发展目标的途径和手段所进行的总体谋划。

不同的企业对于物流战略有不同的理解。对物流企业而言，物流战略是企业的总体战略；而对工商企业而言，物流战略就是企业的职能战略，是企业总体战略的一部分，物流战略与制造、营销、财务战略共同构成企业战略。总的来说，物流战略具有全局性、长远性、竞争性、指导性、稳定性等特点。

物流战略是指为寻求物流的可持续发展，就物流发展目标以及达成目标的途径与手段而制定的长远性、全局性的规划与谋略。

（一）物流战略的目的与内容

1. 物流战略的目的

物流战略作为社会经济发展战略与企业总体战略的重要组成部分，要服从社会经济总目标和企业目标。有时城市、地区、国家或企业战略的制定是针对竞争对手的策略，此时，高效的物流系统往往是体现一个城市、一个地区、一个国家或者一个社会经济发展战略与企业竞争力的重要因素。现代物流战略的最终目标是成本最小、投资最少和服务改善。

（1）成本最小。成本最小是指降低可变成本，主要包括运输和仓储成本，如物流网络系统的仓库选址、运输方式的选择等。面对诸多竞争者，公司应达到何种服务水平是早已确定的事情，成本最小就是在保持服务水平不变的前提下选出成本最小的方案。当然，利润最大一般是公司追求的主要目标。

（2）投资最少。投资最少是指对物流系统的直接硬件投资最小化从而获得最大的投资回报率。在保持服务水平不变的前提下，我们可以采用多种方法来降低企业的投资，例如，不设库存而将产品直接送交客户，选择使用公共仓库而非自建仓库，运用策略来避免库存或利用 TPL（第三方物流）服务等。显然，这些措施会导致可变成本的上升，但只要其上升值小于投资的减少值，则这些方法均不妨一用。

（3）服务改善。服务改善是提高竞争力的有效措施。随着市场的完善和竞争的激烈，顾客在选择公司时除了考虑价格因素外，及时准确的到货也越来越成为公司的有力筹码。当然，高的服务水平要有高成本来保证，因此权衡利弊对企业来说是至关重要的。服务改善的指标值通常是用顾客需求的满足率来评价，但最终的评价指标是企业的年收入。

总之，企业物流战略的制定作为企业总体战略的重要部分，要服从企业目标和一定的顾客服务水平，企业总体战略决定了企业在市场上的竞争能力。

2. 物流战略的内容

物流战略包括物流战略态势、物流战略思想、物流战略目标、物流战略重点、物流战略方针、物流战略优势、物流战略部署等。其中，物流战略态势、物流战略目标和物流战略优势是物流战略设计的基本要点。

（1）物流战略态势。物流战略态势是指物流系统的服务能力、营销能力、市场规模在当前市场上的有效方位及战略逻辑过程的不断演变过程和推进趋势。研究公司的物流战略态势，就应该对整个行业和竞争对手的策略有敏锐的观察力和洞察力，不断修改自身定位，从而做到知己知彼，以期在行业中获得相应的市场份额。物流战略态势主要从宏观环境、微观环境及企业自身三个方面进行分析。物流战略态势分析是物流战略设计的基础。

（2）物流战略思想。物流战略思想是指对企业物流发展的总体思路与设想。它由一系列观念或观点构成，是企业高层对物流重大问题的认知与态度的总和，是正确物流发展观的体现。战略思想一旦形成，就可进而确定战略方针，譬如是进攻还是防御等，但它要求企业领导者必须有基于物流发展态势的敏感和超前意识，对企业的市场竞争环境有科学的分析与判断。物流战略思想是物流战略的灵魂。

（3）物流战略目标。物流战略目标是指由整个物流系统的使命所引起的，可在一定时期内实现的可量化的目标。它为整个物流系统设置了一个可见和可达到的未来，为物流基本要点的设计和选择指明了努力的方向，是物流战略规划中各项策略制定的基本依据。一个完整的物流战略目标应明确阐述三个问题：企业物流目的——做什么；发展标准——物流达到什么水准；时间进程——什么时候完成。物流战略目标是物流战略的核心问题，是战略方案制定的依据。根据物流管理的定义，物流战略的基本目标可以概括为：降低营运成本，提高投资效益，改善服务水平。

（4）物流战略重点。有了战略思想，并有了明确的战略目标，下一步就是要确定关键性、全局性的"进攻策略"与"重点战役"。

（5）物流战略方针。物流战略方针是企业为了贯彻战略思想和实现战略目标、战略重点所确定的物流营运基本原则、指导规范和行动方略，它解决的是"进攻还是防御"的问题。

（6）物流战略优势。物流战略优势，显而易见是指某个物流系统能够在战略上形成的有利形势和地位，是其相对于其他物流系统的优势所在。

物流系统战略可在很多方面形成优势，如产品优势、资源优势、地理优势、技术优势、组织优势和管理优势。

随着顾客对物流系统服务的要求越来越高，很多企业都在争相运用先进的技术来保证其服务水平，其中能更完美地满足顾客需求的企业将成为优势企业。

（7）物流战略部署。任何战略行动都要有周密的、现实可行的资源配置与思想动员来保证，否则战略计划将是一纸空文。为了完成战略目标必须设计战略阶段、战略步骤分步实施，同时各阶段必须有相应的战略手段与措施来落实。

物流战略部署应该包括三个方面的内涵：①战略资源配置计划，如人、财、物等；②战略计划文件编制；③战略动员计划，包括员工培训、行业研讨会等。

（二）物流战略的类型与层次

1. 物流战略的类型

（1）基本物流战略形态。

第一，成本最低战略。成本最低战略的核心是要设计一个固定成本与可变成本最低的物流系统。实施成本最低战略必须将目标确定为满足较为集中的客户需求，向客户集中的地区提供快速服务，通过储运资源和库存政策的合理搭配使物流成本达到最小化。

第二，服务最优战略。服务最优战略的核心在于追求最佳的物流服务水平，系统设计的重点要从成本优化转移到系统有效性和运输绩效上来，必须充分利用服务设施，认真规划线路布局，尽量缩短运输的时间。最佳的物流服务应该是针对客户的不同需求进行差别化的服务，从而构筑起企业的差别竞争优势。

第三，利润最高战略。利润最高是大多数物流系统希望通过战略规划达到的最终目标。这种战略需要对每一种物流设施所带来的利润进行认真的分析，构建起能够以最低成本得到最高利润的物流系统。

第四，竞争力最强战略。竞争力最强战略是对以上几种战略的优化，它不是单纯追求某一方面的最优化，而是力争达到整体的竞争力最强，寻求最大的竞争优势。这种优势可以采用有针对性的服务改进和合理的市场定位两种方法来获得。确立合理的市场定位的方法特别适合小企业。

第五，资产占用最少战略。资产占用最少战略是追求以最少的资产投入物流系统，以此降低物流系统的风险，增加总体的灵活性。这种战略更有利于企业集中优质资产开展主业经营，提高运营效率和资产回报。

保持最大灵活性的企业可能不愿自行投资建设物流设施或设立物流部门，为此，企业需要经常利用外界的物流服务和资源。

（2）产品生命周期与物流战略。

一个产品在市场生存期间要经历引入、成长、饱和成熟以及完全衰退四个阶段，在产品生命周期的不同阶段，企业应采用不同的物流战略，具体包括：①引入期采用服务最优战略；②成长期采用利润最高战略；③饱和成熟期采用竞争力最强战略；④完全衰退期采用成本最低或资产占用最少战略。

（3）第三方物流企业的货运战略。

第一，准时集散战略。准时集散战略最主要的特点就是准时，强调在特定的时刻将货物送达指定目的地并交付客户。这种战略既符合现代市场需求多层次、多样化、分散化的特点，又适应了现代企业生产多品种、小批量、高时效的要求。企业常以签订长期准时集散合同或实行准时集散代理制的方式为客户提供准时集散服务。

第二，快速集散战略。快速集散是按照约定的货物交付时刻表，以"站到门""库到门""门到门"或"桌到桌"方式实现的一种货物集散服务，关键在于运达交付的快捷性、服务的可靠性、使用的方便性和监控的实时性。

第三，整车集散战略。整车集散是以一次承运整车（整集装箱）为基本计量单位，或以这样的基本单位签订贸易合同并实现货物交付的物流服务。整车集散一般无须中间环节或中间环节很少，送达时间短、物流成本低，常用于长途货物运输和过境货物运输，具有快速、直达、方便、经济、可靠等优点。

第四，成组集散战略。成组集散是主要以托盘等成组化单元作为受理、分销、配载、中转、送货与交付单位的货运集散一体化服务形式。只有在集装箱化、托盘化的前提下，成组集散及相关作业才能用机械化手段完成。

第五，专项集散战略。专项集散是针对一些有特殊要求的货物种类，如高科技设备、时装、冷藏货物等展开的集散服务。实施专项集散战略根据货物的集散量、集散过程的特殊要求，往往需配备专用设施、移动设备和相应的工具等专项硬件、软件系统。

（4）其他物流战略类型。

第一，延迟战略。延迟战略是一种减少预测风险，把产品的运输时间和最终产品的加工时间推迟到客户订单之后的策略。

生产延迟（或形式延迟）。在获得客户确切的需求和购买意向之前，无须过早地准备生产，而是最后严格地按订单来生产。生产延迟能够以标准产品或基础产品来适应不同客户的独特需要。

物流延迟（或时间延迟）。在物流网络中设计几个主要的中央仓库，根据预测结果储存必要的产品，不考虑过早地在消费地点存放产品，尤其是价格高的产品，一旦接到订单，从中央仓库处启动物流程序，把物品送往客户所在地的仓库或直接快运给客户。

生产延迟集中于产品，在物流系统中移动无差别部件并根据客户在发送时间前的特殊要求修改。物流延迟集中于时间，在中央地区储存不同产品，当收到客户订单时作出快速反应。采用何种延迟取决于数量、价值、竞争主动性、规模经济、客户期望的发送速度和一致性。

第二，多样化分拨战略。企业对所有产品提供不同水平的客户服务，往往在同一产品系列内采用多种分拨战略。在库存地点的选择上同样可实施多样化分拨，每个存储点都包含不同的产品组合。针对不同种类的客户和产品，可采取多样化分拨战略。

第三，集运战略。集运战略也就是集中运输，该战略要求必须在订单处理与挑拣前作出计划，要求计划的及时性和相关信息的准确性。区域化集中运输，是指运往某个地区的不同客户的货物集中起来运输；预定送货，是指与客户商定一个运送计划，保证按时送到，在预定期内有可能集中较大的运输量；第三方联营送货，是指由第三方提供运输服务。

（5）非物流企业的物流战略。

非物流企业的物流战略主要包括：即时物流战略、协同化物流战略、全球化物流战略、互联网物流战略、绿色物流战略等。

2. 物流战略的层次

企业物流战略通常包含十个关键部分，分别被组织在四个重要层次上，构成物流战略金字塔，它确立了企业设计物流战略的框架。

（1）根据顾客服务需求确立战略方向。顾客服务需求左右着包括制造、营销和物流在内的整个供应链的结构。只有清晰地了解顾客需要什么，才能开发出满足顾客期望的服务战略。顾客服务战略的简单或复杂取决于企业的产品、市场和顾客服务目标。

（2）物流系统的结构部分。分销渠道是指某种货物或劳务从生产者向消费者移动时取得这种货物或劳务的所有权以及帮助转移其所有权的所有企业和个人。按照流通环节的多少，渠道可以分为直接渠道和间接渠道。

（3）物流战略的职能部门。职能部门的战略考虑涉及的问题包括：①企业应外包更多的物流活动吗？②企业应该考虑仓储或运输上的第三方服务吗？③企业对自己的仓储服务是选择自营、外租还是建立合同仓储服务？

（4）执行层。执行层包括支持物流的信息系统、指导日常物流运作的方针与程序、设施设备的配置与维护以及组织与人员问题。

（三）物流战略的设计与规划

1. 物流战略的设计原则

（1）战略协同原则。在物流战略设计中要充分考虑战略导向、战略态势、战略优势、战略类型的设计与选择，使其在物流战略方向上形成一致的合力——战略协同效应。

（2）力求优势原则。物流战略的形成与实施过程本身就是一种竞争。所以，要力求在物流战略成功的关键环节、关键因素方面寻求、创立、维持和发展相对的、有差别的竞争优势。

（3）区域平衡原则。在物流系统形成过程中，物流链管理的要素资源要在区域范围内尽可能寻求平衡，尽可能运用已有资源、提高资源运用效率，而不是盲目追求系统外新资本的投入。

（4）有限合理原则。物流战略管理是在有限的信息、有限的资源、有限的智能和有限的技术手段下进行的，并在有限的时间跨度和空间范围内运行，只要符合物流系统的宗旨、战略目标、战略方针的要求，符合物流战略的科学逻辑，在战略环境没有质的变化的条件下，原则上可以作出抉择和组织实施，必要时可以在物流战略实施过程中进行修正、调整，以臻完善。

（5）阶段发展原则。在物流战略设计与实施中，不可能一蹴而就，必须针对具体情况分阶段进行，包括按核心企业、紧密层企业、松散层企业、核心业务与非核心业务、重点区域与一般区域等类别分阶段进行。

（6）系统优化原则。物流系统及经济圈发展需要寻求资源优化配置，并以此作为战略设计与评价的基本准则。

2. 物流战略规划的步骤

（1）物流战略规划机构和人员组织。企业在确定物流战略规划的机构和人员时可以采用上下结合、虚实结合的方法。上下结合是指规模比较大的企业，由于拥有分支机构，在设置物流规划机构时应当吸收基层（下属机构）的有关人员参加，这样可以全面掌握资源和需求。虚实结合是指企业可以设置两套任务不同的机构，比如，一个由高层或主要领导参加的议事机构和另一个由具体人员组成的办事机构，一个负责重大问题的决定，另一个负责具体事务的执行。

（2）物流资源和需求调查。物流资源和需求调查的基本内容主要包括企业内部的调查和企业外部的调查两个部分，具体内容包括：①物流基础设施装备调查；②企业物流组织机构调查；③物流从业人员调查；④客户资源调查；⑤物流流量和流向调查；⑥潜在用户的调查；⑦信息技术资源和需求调查；⑧无形资产；⑨宏观资源；⑩区域内的物流调查；⑪相关企业资源调查；⑫竞争情报调查和收集。

（3）进行物流战略规划资源分析。物流战略规划资源分析的具体内容包括：①资源优势／劣势；②业绩／经验；③核心能力；④竞争分析；⑤环境机会和风险（机遇和挑战）；⑥未来环境发展预测。

3. 物流战略规划及决策

物流战略规划主要是要解决三个方面的决策问题，即围绕顾客服务水平核心目标对物流设施分布、库存和运输进行决策。设施选址决策、库存决策、运输决策是物流系统战略计划的主要内容，因为这些决策问题都会影响企业的赢利能力、现金流和投资回报率，并且每个决策都与其他决策互相联系。制定物流战略计划方案时必须应用系统工程理论与方法进行有效规划，同时对各决策问题相互之间存在的效益背反关系也应予以考虑。

（1）设施选址决策。物流设施分布决定产品从工厂、分销商或中间库存到客户整个商品供应活动的效率和相应的费用，并且生产厂、储存点及供货点的地理分布构成物流系统规划的基本框架。其内容主要包括：确定设施的数量、地理位置、规模，并分配各物流设施所服务的市场范围，这样就确定了产品到市场之间的线路。好的设施选址应考虑所有的产品移动过程及相关成本，包括从工厂、供货商或港口经中途储存点然后到达客户所在地的产品移动过程及成本。通过不同的渠道来满足客户需求，如直接由工厂供货、供货商或港口供货以及经选定的储存点供货等，就会影响总的分拨成本。寻求成本最低的需求分配方案或利润最高的需求分配方案是选址战略方案的核心所在。

（2）库存决策。库存决策指的是货物的库存采取何种管理方式。将库存分配（推动）到储存点与通过补货自发拉动库存，是两种不同的存货管理方式，同时也代表着两种不同的库存战略。采取不同的库存战略决定了物流设施的分布决策。由于企业具体库存政策将影响设施选址决策，我们必须在物流战略规划中予以考虑。其他库存方面的决策内容还涉及产品系列中的不同品种是选在工厂、地区性仓库，还是基层仓库存放的问题以及运用各种方法来管理永久性存货的库存水平问题。

（3）运输决策。运输决策包括运输方式、运输批量和运输时间以及路线的选择。这些决策受仓库与客户、仓库与工厂之间距离的影响，反过来它们也会影响仓库选址决策。库存水平的大小也与运输批量和批次有关。

二、物流战略管理

（一）物流战略控制及评价

"现代企业的发展应该完善企业产品的生产和销售环节之间的物流管理环节，这个环节对于企业的发展是很重要的。"[1]进行物流战略管理需要制订实施计划的方案，但仅仅如此并不能保证预定目标的实现。随着时间的推移，物流环境的动态变化和不确定性可能导致实际绩效偏离计划绩效。为使绩效与期望目标一致，有必要从管理的另一个基本功能来考虑问题，即管理的控制功能——使计划的执行情况与期望目标相一致或使它们保持一致的过程。控制过程就是将实际履行的情况与计划实施情况相比较的过程。

在物流系统中，管理者应根据客户服务目标和成本支出对计划中的物流活动（运输、仓储、库存、物料搬运和订单处理）进行控制。

物流战略综合绩效评价标准的具体内容包括四个方面：①质量，主要是指客户满意度、服务质量；②时间，主要是指订单处理、装卸、运输时间等；③成本，主要是指原料、运输、管理成本等；④资产，主要是指资产利用率。

战略绩效评价是指将实际绩效与确立的评价标准相比较，找出实际活动绩效与评价标准的差距及其产生的原因。评价绩效时，企业不仅应将实际成效与评价标准相比较，也应将自己的绩效与竞争对手相比较来发现自身的优势或不足。评价战略绩效要决定在何时、何地以及间隔多长时间进行一次评价。对战略绩效评价中发现的问题，必须针对其原因采取纠正措施。

（二）物流战略管理的过程

物流战略管理过程，是指物流经营者在构建物流系统的过程中，通过物流战略设计、战略实施、战略评价与控制等环节，调节物流资源、组织结构等，并且最终实现物流系统宗旨和战略目标等一系列动态过程的总和。在企业的战略设计、战略实施、战略评价与控制中，物流战略形成是物流战略管理的首要环节，它是对物流所处环境和自身的竞争优势进行彻头彻尾的分析后形成的一套区别于其他企业的措施，它指导并决定了整个物流战略系统的运行。战略评价与控制工作渗透在管理的各个阶段之中，监督物流系统的运行。

物流管理者在企业战略决策中的影响力将不断增强，对于一个企业的物流设计者来说，重要的不只是了解物流战略的内容，而是如何进行战略管理，如何将企业的物流引向光明的未来。我们要时刻记住物流战略管理绝不是一个简单的任务或目标，而是物流

---

① 赵军海. 现代企业物流管理问题及对策 [J]. 现代营销，2015（4）：9.

经营者在构建物流系统的过程中，通过物流战略设计、战略实施、战略评价与控制等环节，调节物流资源、组织结构等，并且最终实现物流系统宗旨和战略目标，因此物流战略管理是一个动态的过程。

第二节　物流战略管理的环境分析

一、物流企业的战略环境分析

物流企业战略环境包括宏观环境、物流行业环境、企业内部环境和物流体系环境。

（一）物流企业战略环境的类型

1. 宏观环境

宏观环境所针对的是行业而不是单个物流企业，如目标市场的经济发展状况、政治稳定情况、社会结构状况、文化和亚文化、法律完善情况以及政策稳定性等。宏观环境是以国家宏观社会经济要素为基础，结合企业的行业特点而制定的环境影响因素指标。它由社会约束力量构成，主要包括自然环境（原料资源、能源、污染等）、经济环境（购买力水平、消费支出模式、供求状态等）、人口环境（人口的规模及其构成、教育程度、地区间流动等）、技术环境（科技进步等）、政治法律环境（政治体制、法令法规等）和社会文化环境（风俗习惯、观念等）。

目前，我国政治稳定，经济平稳运行，民族和睦，人民生活水平日益提高，在未来相当长的时间内仍会平稳、健康地发展。我国的经济发展前景看好，这对物流行业的长期稳定发展来说是一个很好的基础。

2. 物流行业环境

物流行业环境是物流企业必须研究的重要方面，因为它直接影响物流经营的外部环境。建立物流系统时，我们除了要分析物流系统所处的宏观环境外，还要分析一下行业的现状和发展前景。行业环境分析的内容包括市场规模与发展、竞争者情况、技术经济支持情况和新技术新产品的影响。市场规模及其发展状况决定了此行业的发展空间和潜力。

3. 企业内部环境

进行了企业外部环境的分析后，我们基本上完成了知彼的过程，同时，我们还要做到知己，对企业的内部环境进行分析，它包括对企业内部各职能部门和生产要素的分析。对企业职能部门的分析涉及各职能部门的现状及发展，以及各职能部门之间的联系和沟通，其目的是找出制约企业发展的"瓶颈"。对生产要素的分析要从纵向出发，打破职能部门的界限，站在整体发展的高度研究各生产要素对企业的影响，以更适合于企业总体战略的分析。

4. 物流体系环境

物流体系环境（又称物流支撑环境）是指构成物流系统的内部环境，它主要包括商品产销地与市场环境、交通运输环境、仓储物流设施环境、物流信息传递处理环境、物流政策与人才环境等。通过加强对物流体系环境的认识，有利于充分发挥物流体系优势，更好地促进物流畅通，为经济发展服务。

（1）交通运输环境。交通运输业是物流业的重要组成部分，其本身也是一个独立的物质生产部门。交通运输生产力的布局，对物流企业使用交通运输生产力，依靠交通运输来建立物流系统，组织物流合理化有很大意义。交通运输环境包括五种运输方式的环境：铁路运输环境、水路运输环境、公路运输环境、航空运输环境和管道运输环境。

（2）商业环境。我国的商品货源市场有四种，分别是购进总额最大的货源市场、全国商品货源重要市场、农副产品及某些工业品货源市场、土特畜产品货源市场。我国的商品销售市场按照销售总量及人均社会商品零售额，可以分成四种：全国重大商品销售市场、全国商品销售重要市场、商品销售一般市场、商品销售次要市场。

（3）资源环境。生产资料的生产一般规模较大，因而货源市场较集中，其规律是以矿区和大城市为主要货源市场，某些开放城市及沿海城市为主要进口货源市场。生产资料销售市场的分布情况为：农业生产资料销售市场十分普遍，但从销售量及人均销售量来看，主要集中于东北、沿海省份及内地的河南、湖北等省份；西北、西南部市场较小。

工业品生产资料销售市场通常集中于大城市，一般取决于投资规模，因而有一定的不稳定性，大项的投资一旦结束，某些生产资料市场就会迅速收敛。近些年来，工业品生产资料销售市场主要集中于北京、上海、广州、深圳、天津、西安、南京等大中城市。

生产资料合理流向要求主要反映在批量大、品种规格及花色较少的生产资料领域，如化肥、水泥、木材等。有些生产资料生产总量虽然大，但是由于品种规格繁多，分布到单一品种规格上的数量相对较小，这就很难区分不同品种、规格上的合理流向。

第一，化肥流向。化肥的基本流向是：四川的氮肥流向甘肃、青海、新疆、陕西、贵州及内蒙古等地；山东的氮肥流向河北、山西、河南北部；江苏的氮肥流向安徽、河北、内蒙古；上海的氮肥流向浙江、安徽、广西；磷肥流向基本上是由南向北。

第二，木材流向。木材的基本流向是：东北特种木材（如红松、白松）流向全国；一般木材流向华北、中南、西部及华东；南方木材基本就地使用；西南木材流向华南等地。

第三，水泥流向。水泥的基本流向是：东北水泥除本地用之外部分南流；河南水泥向南、北两方向流；山东水泥西运及南运；甘肃水泥部分东运及西运；四川、贵州水泥部分北运；广东水泥南运出口。

第四，煤炭流向。煤炭的基本流向是：陕西、内蒙古煤沿大秦、太焦、京广等几条铁路东运、南运，有的登船后南运出口；贵州煤东运；其他地区一般就近使用。

（4）仓储业环境。我国的仓储业也可以称为储运业，除仓储外，还包括少量的汽车运输，但是以仓储为主。在我国，运输业务主要由交通运输业而不是由储运业承担。

根据历史形成和现状管理来看，我国的仓储业有五大系统：①军队仓储业，用来储存军用物资，近年来部分向社会开放；②外贸仓储业，用来储存外贸及进口物资，也从事外贸生产基地一般产品流通的储运；③商业、供销、粮食储运业，统称商业储运业，是我国分布最广、储运物资种类最多的储运业，主要承担商业系统物资的储运；④物资储运业，是我国生产资料的专业储运行业，主要用于储存及中转国家分配、地区分配、市场流转的各种生产资料，是我国一个庞大的储运系统；⑤乡镇储运业，是我国仓储业突起的一支新军，主要集中于港区极大的交通枢纽附近，主要从事代储业务。

（二）物流战略环境分析的方法

1.SWOT 分析

SWOT 分析方法是一种企业内部分析方法，即根据企业自身的既定内在条件进行分析，找出企业的优势、劣势及核心竞争力之所在。S 代表 Strength（优势），W 代表 Weakness（弱势），O 代表 Opportunity（机会），T 代表 Threat（威胁），其中，S 和 W 是内部因素,O 和 T 是外部因素。按照企业竞争战略的完整概念，战略应是一个企业"能够做的"（即组织的强项和弱项）和"可能做的"（即环境的机会和威胁）之间的有机组合。SWOT 分析法是一种最常用的企业内外环境条件战略因素综合分析方法。

例如，某企业内外环境 SWOT 分析如下：

（1）优势（Strength）。①原有国际物流操作优势（也就是在国际物流的基础操作，如报关、清关、空运、海运、陆运、储存方面的操作优势）；②物流成功案例与经验；③全国领先的网络系统；④较强有力的集约化管理系统；⑤与海关、空运等系统的良好关系。

（2）弱势（Weakness）。①与一些超大型企业比，在资产与资金方面与它们有不小的差距；②与海运、铁路相关联的大批量货物物流基础不强；③国际网络不强，有网点，但要建立全球性网络，独自开展全球性物流是远远不够的。

（3）机会（Opportunity）。①物流与电子商务高速增长；②国内外大型企业需要高水平物流服务；③加入WTO后跨国物流公司需要国内网络的配合。

（4）威胁（Threat）。①海陆空大运输企业与大商业公司大力扩展物流业务，正在稳步推进；②加入WTO后跨国物流公司大举进入；③国内大批"翻牌"物流企业涌现在"零部件"领域形成恶性竞争，导致利润率不断下降。

2. 波特的五种竞争力量分析

一个行业中的竞争，远不止在原有竞争对手中进行，而是存在着五种基本的竞争力量，即潜在的加入者、代用品的威胁、购买者的讨价还价能力、供应者的讨价还价能力以及现有竞争者间的抗衡。这五种基本竞争力量的状况及其综合强度，决定着物流行业竞争的激烈程度，决定着物流行业中获得利润的最终潜力。

二、21世纪物流环境的特征

20世纪90年代以来，由于科学技术的不断进步和经济的不断发展、全球化信息网络和全球化市场形成及技术变革的加速，围绕新产品的市场竞争日趋激烈，物流企业面临的环境更加严峻。21世纪物流企业面临的环境有以下方面的特征。

第一，信息爆炸的压力。大量信息的迅速产生和通信技术的发展迫使物流企业把工作重心从如何迅速获得信息转到如何准确地过滤和有效地利用各种信息。

第二，技术进步的加快。新技术、新产品的不断涌现，一方面使企业受到空前未有的压力，另一方面也使每个企业员工受到巨大的挑战，企业员工必须不断地学习新技术，否则他们将面临由于掌握的技能过时而遭淘汰的压力。

第三，高新技术广泛使用。高新技术在物流企业中的应用是21世纪的主要特色之一，如自动储存和分拣系统、自动条码识别技术等。虽然高新技术应用的初始投资很高，但它会带来许多竞争上的优势，不仅仅节省人力，降低成本，更重要的是提高了产品和服务质量，降低了废品和材料消耗，缩短了对用户需求的响应时间。

第四，市场和劳务竞争全球化。商品市场的国际化，同时也造就了一个国际化的劳动力市场，物流企业在建立全球化市场的同时也在全球范围内面对着更多的竞争者。

第五，产品研制开发的难度越来越大。特别是那些大型、结构复杂、技术含量高的产品在研制中一般都需要各种先进的设计技术、制造技术、质量保证技术等，不仅涉及的学科多，而且大多是多学科交叉的产物，因此，如何成功解决产品开发问题是摆在企业面前的头等大事。

第六，可持续发展的要求。维持生态平衡和环境保护的呼声越来越高，资源越来越少，各种资源的短缺对企业的生产形成很大的制约，而且这种影响在将来会愈加严重。在市场需求变幻莫测，制造资源日益短缺的情况下，企业如何取得长久的经济效益，是企业制定战略时必须考虑的问题。

第七，全球性技术支持和售后服务。赢得用户信赖是企业保持长盛不衰的竞争力的重要因素之一。赢得用户不仅要靠具有吸引力的产品质量，而且还要靠售后的技术支持和服务。许多世界著名企业在全球拥有健全而有效的服务网就是最好的印证。

第八，用户的要求越来越苛刻。随着时代的发展，消费者的价值观发生了显著变化，用户的要求和期望越来越高，需求结构普遍向高层次发展。现代社会用户的需求特征主要表现为：一是对产品需求数量呈现多样化、个性化的要求趋势，而且这种多样化要求具有很高的不确定性；二是对产品的功能、质量和可靠性的要求日益提高；三是要求在满足个性化需求的同时，产品的价格要像大批量生产那样低廉。

第三节　物流战略管理的规划与实施

一、物流战略管理的规划

物流战略的实现依赖于物流系统各个环节的规划、执行、控制和评估。而物流战略规划试图回答做什么、何时做和如何做的问题。从服务项目、发展方向、战略行为和战略重点等方面，物流战略规划可分为以下类型。

服务项目：准时货运集散战略、快速货运集散战略、整车货运集散战略、成组货运集散战略、专项货运集散战略、国际货运集散战略等。

发展方向：物流服务导向战略、市场需求导向战略、专业技术导向战略、规模经营导向战略、资源优化导向战略、实时响应导向战略等。

战略行为：扩张型物流战略、稳定型物流战略、收缩型物流战略、关系型物流战略等。

战略重点：物流系统生存战略、经营战略、发展战略等。

（一）物流公司层级的战略管理规划

公司层级战略规划旨在确定企业的长远整体发展方向，涉及整个公司，主要关注的是企业为实现长期盈利最大化，应在哪些产业中竞争，如何进入或退出业务等。

1. 扩张型战略

扩张型战略，又称增长型战略。从企业发展的角度来看，任何成功的企业都应当经历长短不一的增长型战略实施期，因为从本质上说只有增长型战略才能不断地扩大企业规模，使企业从竞争力弱小的小企业发展成为实力雄厚的大企业。

（1）增强型战略。增强型战略是企业充分利用现有服务的潜力，通过强化现有服务地位来寻求企业未来发展机会的一种发展战略，重点是对原有市场或原有服务的开发，该战略主要包括市场渗透战略、市场开发战略和业务开发战略。

第一，市场渗透战略。市场渗透战略是企业通过更大的营销努力，提高现有服务水平和市场份额。可以通过扩大市场份额、开发小众市场和保持市场份额三个方面进行。

第二，市场开发战略。市场开发战略是发展现有服务的新顾客群或新的地域市场来扩大服务量的战略。实现的途径有开辟其他区域市场或细分市场。

第三，业务开发战略。业务开发战略是对企业现有市场投放新服务或利用新技术增加服务的种类，以扩大市场占有率和增加业务收入量的一种企业发展战略。对航运企业而言，扩大商品宽度，即企业增加运输货物的种类，生产更多的"产品"来满足市场对不同货物海上运输需求。比如，原来只是提供电子产品、日用杂货运输服务，以后增加提供工业半成品、工艺品运输等。实现该战略的主要是领先开发战略、追随型开发战略、替代型开发战略和混合型开发战略。

（2）一体化战略。一体化战略是指在物流公司内部不同层级之间实现协同合作、信息共享和资源整合，以实现更高效、更优化的物流运作。这种战略旨在打破部门之间的壁垒，提高内部沟通和协作，从而提升整体物流服务的水平。

第一，横向一体化。横向一体化指企业现有生产活动的扩展并由此导致现有产品市场份额的扩大。该类增长可以从三个方向进行：扩大原有产品的生产和销售；向与原产品有关的功能或技术方向扩展；与前两个方向有关的向国际市场扩展或向新的客户类别扩展。一般来说，企业早期的增长多以此为主，且实现的方式以内部增长为主。例如，世界著名的前20家航运企业几乎都是利用兼并或购并的方式发展起来的。20世纪90年代，世界航运业发生了多次大规模的并购事件，其中比较有影响的是德国汉堡萨德公司先后收购了克罗利海运、毛利塔利亚航运、南太平洋船务等六家航运公司。

第二，纵向一体化。纵向一体化指企业向原生产活动的上游和下游生产阶段扩展。

现实中，多数大型企业均有一定程度的纵向一体化。该类扩张使企业通过内部的组织和交易方式将不同生产阶段联结起来，以实现交易内部化。纵向一体化包括后向一体化和前向一体化。后向一体化指企业介入原供应商的生产活动；前向一体化指企业控制其原属客户公司的生产经营活动。航运企业的后向一体化是指控制生产海运产品的上游企业，如造船、船舶修理、港口建设和码头装卸服务等。航运企业的前向一体化就是控制海运产品的下游企业，如货运代理、船舶代理、集装箱内陆运输、港口投资等。

第三，供应链一体化。供应链一体化扩大了原有的物流系统，不仅延长了传统物流纵向一体化的长度，而且超越了物流本身，充分考虑了整个物流过程及影响此过程的各种影响因素，向着物流、信息流、资金流各个方向同时发展，形成了一套相对独立完整的体系。

（3）多元化战略。多元化战略又叫多角化、多样化战略，是指企业同时经营两种及两种以上基本经济用途不同业务或服务的一种发展战略。它可以涉及相关产品的活动，也可以涉及不相关产品的活动。多元化战略可以分为相关多元化战略和非相关多元化战略。

第一，相关多元化发展战略。相关多元化发展战略是指进入与公司现在的业务在价值链上具有竞争性、有价值的"战略匹配关系"的新业务。

第二，非多元化发展战略。非多元化发展战略就是在企业中增加新的业务或服务，并且它们与原有业务或服务既非同种也不存在"上下游"的关系，两者之间没有明显的战略适应性、非相关行业的扩张，如从物流扩展到房地产、酒店业等，强调处理好主业与副业的关系，通过副业的发展回避主业或企业整体发展中存在的风险。

（4）战略联盟。物流战略联盟是两个或两个以上的物流企业为了实现一定的目标，通过某种方式组成的资源共享、风险和成本共担、优势互补的松散型网络式联合体。物流战略联盟的形式可分为股权协作式联盟和契约式联盟。

2. 稳定型战略

稳定型战略是指物流企业遵循与过去相同的战略目标，保持一贯的成长速度，同时不改变基本的产品或经营范围。它是在产品、市场等方面采取以守为攻，以安全经营为宗旨，不冒较大风险的一种战略。

（1）稳定型战略的特征。由于稳定型战略从本质上追求的是在过去经营状况基础上的稳定，它具有如下特征。

第一，企业对过去的经营业绩表示满意，决定追求既定的或与过去相似的经营目标。

第二，企业战略规划期内所追求的绩效按大体的比例递增。与增长性战略不同，这里的增长是一种常规意义上的增长，而非大规模的和非常迅猛的发展。例如，稳定型增长可以指在市场占有率保持不变的情况下，随着总的市场容量的增长，企业的销售额的增长，而这种情况则并不能算典型的增长战略。

第三，实行稳定型战略的企业，总是在市场占有率、产销规模或总体利润水平上保持现状或略有增加，从而稳定和巩固企业现有竞争地位。

第四，企业准备以过去相同的或基本相同的产品或劳务服务于社会，这意味着企业在产品上的创新较少。

可以看出，稳定型战略主要依据前期战略。它坚持前期战略对产品和市场领域的选择，它以前期战略所达到的目标作为本期希望达到的目标。因而，实行稳定型战略的前提条件是企业过去的战略是成功的。对于大多数企业来说，稳定型增长战略也许是最有效的战略。

（2）稳定型战略的类型。稳定型战略主要有以下几个类型。

第一，无变化战略。无变化战略似乎是一种没有增长的战略。采用它的企业可能基于两个原因：①企业过去的经营相当成功，并且企业内外环境没有发生重大变化；②企业并不存在重大的经营问题或隐患，因而战略管理者没有必要进行战略调整，或者害怕战略调整会给企业带来困难。采用无变化战略的企业除了每年按通货膨胀率调整其目标外，其他暂时保持不变。

第二，维持利润战略。维持利润战略是一种以牺牲企业未来发展来维持目前利润的战略。维持利润战略注重短期效果而忽视长期利益，其根本意图是渡过暂时的难关，因而往往在经济形势不景气时采用，以维持过去经济状况和效益，实现稳定发展。

第三，暂停战略。经过一段较长时间的快速发展，企业可能会遇到一些问题使其效率下降，这时就可采用暂停战略，以便企业进行临时休整，积蓄能量为今后发展做准备。

第四，慎重战略。慎重战略是企业根据外部环境中某一重要因素的变化或由于难以预测环境，有意识地降低实施进度，步步为营，谨慎实施战略。

3. 紧缩型战略

紧缩型战略是指企业从目前的战略经营领域和基础水平的收缩和撤退，且偏离起点战略较大的一种经营战略。与稳定型战略和增长型战略相比，紧缩型战略是一种消极的发展战略。一般企业实施紧缩型战略只是短期的，其根本目的是使企业挨过风暴后转向其他的战略选择。有时，只有采取收缩和撤退的措施，才能抵御竞争对手的进攻，避开环境的威胁和迅速地实行自身资源的最优配置。可以说，紧缩型战略是一种以退为进的战略。

（二）物流事业层级的战略管理规划

在物流市场中，物流企业如何获得竞争优势，如何比竞争对手做得更好并实现企业目标，这是物流事业层级战略规划要解决的核心问题。事业层级战略主要有总成本领先战略、差异化战略和集中战略三种基本竞争战略。

1. 总成本领先战略

总成本领先战略，也称低成本战略。在这种战略的指导下，企业决定成为所在产业中实行低成本生产的厂家。企业经营范围广泛，为多个产业部门服务甚至可能经营属于其他有关产业的生意。企业的经营面往往对其成本优势举足轻重。成本优势的来源因产业结构不同而异，它们可以包括追求规模经济、专利技术、原材料的优惠待遇和其他因素。采用此战略的物流企业通常具备三个特点：①绝大多数顾客可以接受其物流服务的质量和速度；②相对标准化的服务；③相对低的价格。

采用这种战略的物流企业是在不忽视大多数顾客关注的服务效率与资料的前提下实现成本降低的。采用成本领先战略的优势在于：抵挡住现有竞争对手的对抗；抵御购买商讨价还价的能力；更灵活地处理供应商的提价行为；形成进入障碍；树立与替代品的竞争优势。

低成本战略意味着整体的低成本，而不仅仅是生产成本。要获得低成本优势，企业整个价值链上的累积成本必须低于竞争对手的累积成本，要取得这种优势地位需要采取一种或多种有效措施，可以从以下方面着手．

（1）实现规模经济。规模经济是在技术水平不变时，单位成本随着累计产量的增加而下降。

（2）降低物流成本。降低物流成本的方式有很多，例如借助地域优势降低货物的运输成本、采用供应链管理、提高配送的效率等。

（3）采用物流信息技术。企业采用信息化管理既可以使物流作业的处理准确、迅速地进行，又可以通过信息系统的数据汇总进行预测分析，控制成本增加的可能性。

（4）紧缩间接费用和其他行政性费用支出。

（5）保持适度的研究开发、广告、服务和分销费用。从物流管理部门扩展到各个部门，从产品开发、生产到销售的整个生命周期中，企业都要进行成本管理。

2. 差异化战略

差异化战略又称别具一格战略、差别化战略，是将公司提供的产品或服务差异化，形成一些在全产业范围中具有独特性的东西。实现差异化战略可以有许多方式：设计品牌形象、技术特点、外观特点、客户服务、经销网络及其他方面的独特性。实施差异化战略的意义在于：建立起顾客对企业的忠诚；形成强有力的产业进入障碍；增强企业对供应商讨价还价的能力；削弱购买商讨价还价的能力。一方面，企业通过差异化战略，使得购买商缺乏与之可比较的产品选择，降低了购买商对价格的敏感度；另一方面，通过产品差异化使购买商具有较高的转换成本，使其依赖于企业。

实现物流差异化可以从两个角度考虑：①定位差异化。企业在决定其服务范围及服务水平时，首先需要考虑的是顾客究竟需要什么样的服务和服务要达到何种水平。企业可以先选出在物流行业内顾客可能比较关注的服务要素，例如价格、准确性、安全性、速度等，并通过调查了解顾客比较注重哪些服务要素。航运企业在策略上各有优势，有的以优势航线吸引客户。②服务差异化。服务差异化是指对不同层次的顾客提供差异化服务。一般来说，物流企业依据其差异化战略把顾客分为三类，对这三类顾客分别采取差异化的服务方针，例如标准化服务、会员制服务及 VIP 服务。

将以上成本领先和差异化物流战略综合起来，考虑企业物流战略类型主要有以下内容。

（1）基于时间的物流战略。

第一，准时制战略是根据最终顾客交货期的要求，进行物资的及时采购、及时生产、及时运输、及时交货，实现整个过程的"一个流"和"无缝连接"的一种物流战略。

第二，延迟战略。为减少预测风险，把产品的运输时间和最终产品的加工时间推迟到客户订单之后。①生产延迟（或形式延迟）：在获得客户确切的需求和购买意向之前，无须过早地准备生产，而是严格按订单来生产。②物流延迟：在物流网络中设计几个主要的中央仓库，根据预测结果储存必要的产品，不考虑过早地在消费地点存放产品，尤其是价格高的产品，一旦接到订单，从中央仓库启动物流程序，把物品送往客户所在地的仓库或直接快运给客户。

第三，集运战略。也就是集中运输。①区域化集中运输，将运往某个地区的不同客户的货物集中起来运输；②预定送货，与客户商定一个运送计划，保证按时送到，在预定期内有可能集中较大的运输量；③第三方联营送货。由第三方提供运输服务。

第四，敏捷物流。敏捷战略的目标是对不同或变化的环境迅速作出反应，向客户提供高品质的服务。敏捷有两个方面的含义：①反应的速度，敏捷的组织一直在检查客户的需求，对变化作出迅速反应；②物流根据不同客户需求而量身定做的能力。

（2）基于服务的物流战略。多样化分拨战略对所有产品提供不同水平的客户服务，企业在同一产品系列内采用多种分拨战略。在库存地点的选择上同样可实施多样化分拨，每个存储点都包含不同的产品组合。

（3）基于成本的物流战略。第一，精益物流。精益物流战略的目标是用较少的资源，如人力、空间、设备、时间来进行各种操作，有效组织物料的流动，杜绝浪费，使用最短的前置期，使库存和成本最小化。精益战略寻找出消除浪费的途径，典型的方法是对目前的操作进行详细分析，然后取消不增加价值的操作，消除耽搁，简化过程，降低复杂性，提高效率，寻找规模经济，节省运输费用，除去供应链中不必要的环节。

第二，合作与联盟战略。极度重视与供应链其他部分的密切合作，制定与供应商、客户和专业物流提供商建立战略联盟，形成更为有效的供应链，所有成员齐心协力，共享长期合作的成果。

3. 集中战略

集中战略即聚焦战略，是指把经营战略的重点放在一个特定的目标市场上，为特定的地区或特定的购买者集团提供特殊的产品或服务，即企业集中使用资源，以快于过去的增长速度来增加某种产品的销售额和市场占有率。该战略的前提思想是企业业务的专一化，能以更高的效率和更好的效果为某一狭窄的细分市场服务，从而超越在较广阔范围内竞争的对手们，这样可以避免大而弱的分散投资局面，容易形成企业的核心竞争力。

集中战略实施途径主要有以下两点。

（1）服务内容集中化。物流企业面向多个行业提供某一项或几项特定的物流服务内容，例如可以由不同的企业完成运输、仓储、配送、报关、系统设计等。

（2）服务对象集中化。中小物流企业为某一具体行业提供完备的综合服务。

（三）物流职能层级的战略管理规划

职能层级战略是物流企业各部门根据企业总体战略和竞争战略的要求而制定的具体实现方法和手段，主要有研发战略、市场营销战略、人力资源战略和财务战略等。

第一，研发战略。业务流程再造，优化整合物流与供应链管理体系；培养复合型高级物流人才，实现研发阶段物流管理理念的创新；推进企业信息化建设，搭建物流信息化平台；适当发展第三方物流管理，形成企业间战略联盟。

第二，市场营销战略。服务市场细分与服务定位策略；服务创新与差异化战略；服务营销渠道策略。

第三，人力资源战略。根据企业中长期发展的要求，满足其对人力资源总量的需要；优化人力资源结构，形成合理的人才结构，满足企业各层次、各专业对人才的需要；提高每个劳动者的素质，使之与其岗位工作的要求相适应，提高员工队伍的整体素质，发挥人力资源的整体效能；努力把人力转化为人才。此外要注意人力资源规划工作实施过程中的相关事项：管理决策公司业务；完善员工的工作职责；建立人事培训机制；建立有效的激励制度。

第四，财务战略。质押仓单、信用担保等融资战略，投资战略以及资金运用和分配战略。

物流管理组织要解决的一个主要问题是合理安排企业内部与物流活动各类人员，使他们能够更好地相互协调、合作，共同完成物流管理的职能，实现物流管理的目标。设立物流组织结构可以协调企业各职能部门之间的矛盾，同时便于对物流活动进行有效管理。

（四）物流功能层级的战略管理规划

根据物流功能的基本内容，物流功能战略主要包括以下内容。

第一，物流运输战略，包括运输承运人选择、运输方式选择、运输路线选择、物流运输组织的协调等。此外，新型运输战略包括管理改革型、产业渗透型、政府促动型、技术革命型等。

第二，物流仓储战略，包括仓库的物权决策、集中仓储或分散仓储、仓库规模及选址、布局、库存策略选择等。

第三，物流配送战略，包括混合战略、差异化战略、合并战略等。

第四，物流信息战略，包括信息资源战略、信息技术战略、信息组织战略及电子商务战略等。

第五，物流客户服务战略，包括成本最低战略、利润最高战略、竞争力最强战略等。

物流功能之间存在着效益背反，因此，在制定物流战略时，需对物流功能战略进行协调，一方面，通过确定客户服务水平决定战略方向；另一方面，协调管理物流战略中的功能部分。

二、物流战略管理的实施

（一）物流战略实施的挑战

物流战略实施是把物流企业的战略方案转化为具体的行动，通过战略变革实现战略物流管理方案所要求的各项目标，进而达到全局制胜的动态过程。物流战略在实施中并不能完全有效执行，战略实施的困难主要归因于以下几个方面。

第一，战略意识不足。物流企业比一般企业战略涉及的范围广、战略环境复杂，在战略实施过程中可能遇到各种比较具体的困难，所以应充分考虑战略的动态性，防止战略失效。

第二，不能系统认识物流战略。物流公司与物流战略在理论上是两个不同的概念，在实施过程中，员工很容易将物流公司战略与物流职能混在一起，但在实际物流战略实施过程中，要有针对性地对员工实施战略导向培训。

第三，战略制定者与执行者之间缺乏沟通与共识。管理者很难用过去日常管理活动的语言，将战略分解成各个层次、各个职能甚至是与单一员工工作任务相关的内涵，因此，如何将战略转化成各执行面所能理解的语言成为战略实施的首要任务。

第四，组织及管理系统与战略不协调。调整或改变企业原有的管理体系及流程，使组织的运作、业务及资源分配都围绕战略核心进行，成为企业战略实施的另一个挑战。

第五，企业制定的相关激励制度不合理。传统绩效管理及目标管理机制，一向偏重短期财务指标及成果，忽略培养企业长远竞争力，建立以战略为核心的绩效与管理制度，同时配置差异化的激励与奖励制度，才能真正将战略的执行落实到组织每一位员工的个人工作目标之中。

第六，战略实施过程中信息反馈不利。在战略实施过程中，企业必须能够找到关键点上的战略绩效指标，以便能实施检验原有的战略假设及判断是否需要修正，判断当初的权衡取舍是否因为假设条件的变化而加以调整。

第七，企业内部存在变革阻力。组织变革的困难在于必须克服来自人们抵制改变和组织惯性两方面的阻力，人们阻碍战略的实施往往是由于他们不了解发生的变化及发生变革的原因，制定者向雇员提供正确的信息是必要的，而成功实施战略取决于管理者能否营造有利于变革的环境。

（二）物流战略实施的原则及要素

1.物流战略实施原则

（1）物流服务与成本相互协调的原则。

（2）适度合理性原则。

（3）统一领导、统一指挥的原则。

（4）权变原则。

2. 物流战略实施要素

（1）硬件要素：战略、结构、管理制度等。

（2）软件要素：风格、共同价值观、人员以及技能等。

（三）物流战略实施的模式

第一，指挥型。企业总经理考虑的是如何制定一个最佳战略。

第二，变革型。企业总经理考虑的主要是如何实施企业战略，他的角色是为有效地实施战略设计适当的行政管理系统。

第三，合作型。企业总经理考虑的是如何让其他高层管理人员同他一起共同实施战略。

第四，文化型。企业总经理考虑的是如何动员全体员工都参与战略实施活动。

第五，增长型。为了使企业获得增长，企业总经理鼓励中下层管理人员制定与实施自己的战略。

第四章 物流运营的管理模式

第一节 物流运营模式的选择与分析

一、宏观物流运营模式及选择

宏观物流模式，是指国家对物流发展所采取的基本模式与方法，也可以理解为国家对物流产业发展所采取的基本战略与方法。宏观物流发展模式不仅取决于物流产业的发展趋势与水平，而且也取决于国民经济及其他产业对物流发展的需求。不同的发展模式，不仅会影响到物流产业的发展，而且也会影响到国民经济及其他产业的发展。

（一）宏观物流模式的类型

从不同方面来考察，宏观物流模式的种类有很多。从物流产业与国民经济总体发展战略的关系来划分，主要有超前发展模式、滞后发展模式和适应性发展模式等。

1. 超前发展模式

超前发展模式，是指采取物流发展超前于国民经济发展的模式，通过物流及物流产业的超前发展，带动和促进国民经济的发展。

超前发展模式最大的优点在于通过实施物流产业的超前发展，达到降低物流成本、提高物流效率、实现物流对国民经济活动支撑的目的，进而促进国民经济的发展。采取该种发展模式，基本的做法是加大物流基础设施建设的投资，改善物流基础设施所存在的不足，优化物流投资环境。

超前发展模式的缺点主要表现在：①加强物流基础设施的建设需要较大的资金投入，在资金相对紧张的国家与地区，会影响国民经济及其他产业的发展；②如果物流基础设施发展过快，会造成物流资源的过剩，降低了物流资源的利用效率，反而也会增加物流的成本。

2. 滞后发展模式

滞后发展模式，是指通过优先发展国民经济其他产业来带动和推动物流（或物流产业）发展的模式。

滞后发展模式最大的优点在于通过其他产业的优先发展，为物流产业的发展奠定了坚实的发展基础，缺点在于物流产业的滞后发展，会对其他产业及国民经济的发展形成制约，影响了国民经济的发展。

3. 适应性发展模式

适应性发展模式，是指采取物流发展与国民经济发展相一致的模式。一方面，国民经济的发展对物流提出需求，要求物流发展的规模、结构等与国民经济保持一致；另一方面，物流的发展要以国民经济的发展为基础，在规模、结构上适应国民经济的发展需要。

适应性发展模式既避免了超前发展模式所存在的不足，也避免了滞后发展模式所存在的问题，是一种较好的发展模式。

（二）宏观物流模式的选择

根据现阶段我国物流产业的实际情况以及发展趋势，我国物流的发展方向应是以市场为导向、以企业特别是物流企业为物流市场主体，建立一个与我国国民经济总体发展水平相适应的高效率的物流产业体系。就基本状况来看，物流产业应采取一种适应性与市场化相结合的适度加快的发展模式，即在我国物流的发展过程中，对于物流基础设施应采取一种适应性的发展模式，而对于非基础性部分应采取一种市场化的发展模式。由于目前我国物流的发展相对滞后于国民经济的发展，因而有必要加快物流产业的发展。

物流基础设施适应性的发展模式要求，物流基础设施的发展应该与我国国民经济总体发展水平相一致。具体包括两个方面：一方面是我国物流基础设施的发展规模、结构和水平应该适应我国国民经济总体的发展需要，支持我国的经济发展；另一方面是我国物流基础设施的发展规模、结构和水平应该符合其自身的发展规律，不断地进行产业的升级和更新换代。从基本情况来看，物流基础设施的发展战略既应适应我国的基本情况，也应适应我国国民经济的总体发展水平。原因在于物流基础设施的发展，一般需要较大规模的投资，在当前我国建设资金相对紧缺的情况下，要大规模地建设物流基础设施，势必要投入大量的建设资金，这将会产生的结果包括：①将会造成其他产业发展建设资金的不足，影响其他产业的发展；②物流基础设施的超前发展，将会造成物流基础设施资源的浪费，因为物流基础设施的发展是以经济发展的水平和规模为基础的，失去了经济发展水平与规模的支撑，物流的效率是难以提高的，成本也是难以降低的。

从理论上来说，一个国家或地区在经济发展的初级阶段，物流基础设施对新兴产业的"联系效应"相对较弱，一般很难有效地刺激经济的发展。物流基础设施的主要作用是支持国民经济的发展，为国民经济的发展提供保障。如果我国物流基础设施过度地超前发展，既不利于我国总体经济及其他产业的发展，也不利于我国物流的发展；但如果我国的物流发展滞后于总体经济的发展，就不能为我国国民经济的发展提供有效保障，难以支持国民经济的发展。当然，我国物流基础设施的适应性发展战略，并不否认在我国的经济发展过程中，某些区域或城市对物流基础设施实施超前性发展战略。由于我国各地区自然条件、经济发展水平存在着较大都差异，一些自然条件较好、经济发展水平较高、物流规模较大的地区及城市，可以根据本区域和城市的具体情况，实施物流基础设施的超前发展战略。目前就我国物流基础设施的总体状况来看，其还是相对滞后于我国国民经济发展水平的，落后的物流基础设施已难以满足国民经济对其发展的需要，这已成为限制我国经济发展的一个重要因素，因而有必要适度加快物流产业基础设施的发展。

物流中的非基础性部分包括的内容与范围相当广泛，如包装业、流通加工业、配送业以及货运业等。在市场经济的要求下，我国物流非基础设施部分的发展模式，应该采取一种市场化的发展模式，即在物流非基础设施的发展过程中，应按照市场经济的发展要求，依据市场经济的发展规律及国民经济和物流自身的发展需要进行发展。作为发展的关键，目前的首要任务是要构筑物流的微观经济主体，即物流运作的市场主体——物流企业，发展和组建一批具有经济实力的大型物流企业，同时要依据市场化准则进行经营活动。

二、企业物流运营模式的类型

企业物流模式，是指企业对物流所采取的基本战略和方法。根据国内外的发展经验及我国物流理论与实践，企业物流模式主要有自营物流模式、联盟物流模式、互用物流模式、第三方物流模式以及第四方物流模式等。合理科学的物流模式对企业提高物流效率，降低物流费用，提高客户服务水平，增强核心竞争力有着重要的意义与作用。

（一）自营物流模式

自营物流模式，是指企业对自身物流活动直接进行组织与管理的模式。一般来说，采用该种模式的企业，大都具备一定的物流设施与设备，并具有相应的物流管理人才。

1. 自营物流模式的优缺点

（1）自营物流模式的优点。自营物流模式有利于企业供应、生产、销售的一体化作业，系统化程度相对较高，既可满足企业内部原材料、半成品及成品的物流服务需要，又可满足企业对外进行市场拓展的需要。具体来说，自营物流模式具有以下几个方面的优点。

第一，控制力强。自营物流模式可使企业对供应、生产以及销售中的物流进行较为全面的控制，便于准时采购、调整库存、减少资金占用。

第二，服务性强。采取自营物流模式可使物流系统有效地为企业的生产经营活动提供物流服务支持，保证生产经营活动对物流的需要。

第三，协调性强。采取自营物流模式的物流系统大都是根据企业生产经营活动的需要而建立起来的，因而其可以根据生产经营活动的需要，合理地规划物流的作业流程，提高物流的作业效率，保证了物流运作与其他生产经营活动的一致性与协调性。

第四，专业性强。自营物流模式的着眼点主要是为企业自身的经营活动提供物流服务，因而企业自身所建立的物流系统也主要针对的是企业自身产品与服务的需要，具有较强的专业性。

（2）自营物流模式的缺点。采取自营物流模式会使企业为建立物流体系的投资规模大大增加，在企业物流规模较小时，物流的成本和费用也相对较高。其缺点具体表现在以下几个方面。

第一，增加了企业投资负担，削弱了企业抵御市场风险的能力。企业为了实现对物流的直接组织与管理，就需要投入较大的资金用于物流设施的建设，配备相应的物流人员，这必然会减少企业对其核心业务的投入，削弱企业的市场竞争力。对于一些规模较小的企业，甚至会出现对物流投资过大而导致企业无法正常运转的情况。

第二，规模化程度较低。由于自营物流模式是根据企业自身的需要来建立物流系统的，系统的规模相对较小。因而在实际的运作过程中，难以形成较大规模的物流运作、形成规模效应。

第三，效率较低、成本较高。对于物流规模较小的企业来说，如果采取自营的物流模式，就难以实现规模效益，随之会带来物流效率较低、成本较高的不足。

第四，不利于核心竞争力的提高。对于非物流企业来说，尽管在有的条件下，物流对自身的活动有着重要的影响，但物流并非企业自身的核心业务，也非自身最为擅长的业务。如果采取自营物流模式，一方面，对物流系统的投入会相对减少对核心业务的投入；另一方面，企业管理人员往往需要花费过多的时间、精力和资源去从事辅助性的物流工作，影响对核心业务的管理，这将会削弱企业的核心竞争力。

2. 自营物流模式的应用范围

一般而言，采取自营性物流模式的企业大都是规模较大的集团公司。有代表性的是连锁企业的物流，其基本上都是通过组建自己的物流系统，来完成企业的物流业务，包括对内部各场、店的物流和对外客户的物流。

（二）联盟物流模式

联盟物流模式，是指企业之间为提高物流效率，实现物流合理化所建立的一种功能互补的物流联合体。联盟物流的核心在于充实和强化物流的功能，弥补企业功能的不足，实现物流资源的有效配置，以更好地满足客户的需要，提升物流能力。

1. 联盟物流模式的核心

联盟物流的核心在于充实和强化物流的功能，提升物流能力。因此，作为开展共同物流的联合体成员，首先要有共同的目标、理念和利益，以凝聚联合体物流能力，提升竞争力，确保共同目标和利益的实现。在开展联盟物流、组建物流联合体的过程中，要坚持功能互补、平等自愿、互惠互利与协调一致的原则，避免行政的干预，谨防"拉郎配"的做法。

2. 联盟物流模式的可行性

联盟物流模式可行性论证的内容主要包括以下几个方面。

（1）环境分析。环境分析主要包括宏观环境和微观环境分析。宏观环境主要包括经济环境、法律环境和自然环境等，重点应以经济环境为主，内容包括交通、通信、仓储等；微观环境主要包括对合作对象的分析，在共同物流的目标范围内，是否有可供选择的合作对象，其功能、理念等是否与企业一致。

（2）目标市场论证。目标市场论证主要从组建联盟物流联合体，开展联盟物流所提供的服务、形成的物流网络和竞争优势等进行分析，确定自己的目标市场及所能达到的目标。

（3）组织论证。组织论证主要分析开展联盟物流的组织管理模式、方法以及组织保证等。

（4）技术论证。技术论证主要包括与联盟化有关的技术及企业间资源、设备和管理技术的论证，同时，还包括相关的安全技术、支付技术及网络技术的论证。

3. 联盟物流模式的实施

联盟物流模式的实施，主要包括以下几个步骤。

（1）选择联合对象。

（2）组建谈判小组，做好谈判准备。

（3）签订合作意向书及合同。

（4）组建组织机构，确定管理与运营模式。

（5）正式运作。

4. 联盟物流模式的类型

在实际运作过程中，由于联盟物流联合体的合作形式，联盟物流会受到所处环境、条件以及客户要求的服务等因素的影响而互不相同，但其运作过程却大体一致。

联盟物流的类型有很多，既有紧密型、半紧密型和松散型；也有资源型、功能型和管理型；还有集货型、送货型和集送型；等等。

（三）互用物流模式

互用物流模式，是指企业为了自身利益，以契约的方式达成某种协议，互用对方的物流系统而组织物流活动的模式。其优点在于企业不需要投入较大的资金和人力，就可以扩大自身的物流规模、范围和功能，但需要企业有较高的管理水平以及与相关企业的组织协调能力。

互用物流模式的主要特点如下。

第一，在功能上，共同物流模式的功能旨在建立物流联合体，以强化物流功能为核心，为社会服务；同时，互用物流模式的功能也旨在提高自己的物流功能，为企业提供服务。

第二，在作用上，共同物流模式主要是强调联合体的共同作用，而互用物流模式主要是强调企业自身的作用。

第三，在稳定性上，共同物流模式强于互用物流模式。

第四，在合作对象上，共同物流模式的合作对象更多是物流企业，而互用物流模式的合作对象既可以是物流企业，也可以不是物流企业。

三、企业物流模式的选择方法

企业选择何种物流模式，主要取决于物流对企业的重要性、物流能力、市场规模与地理范围、保证的服务及物流成本等方面的因素。选择方法主要有定性分析方法与定量分析方法。

（一）定性分析方法

企业物流模式选择方法中的定性分析方法有很多种，以下主要介绍矩阵图决策法。

矩阵图决策法是物流定性决策方法的一种，主要是通过两个不同因素的组合，利用矩阵图来选择物流模式的一种决策方法。基本思路是先选择两个对物流活动有重要影响的因素，依此来初步确定企业的物流模式；在此基础上，再考虑其他因素，最终来确定企业的物流模式。以下主要以物流对企业的重要性和企业的物流能力两个因素来展开分析，如图 4-1 所示。

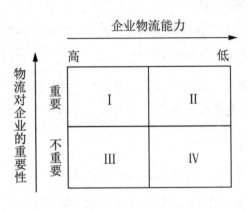

图 4-1 矩阵图决策法

资料来源：魏修建，姚峰.现代物流与供应链管理[M].西安：西安交通大学出版社，2018：178.

在实际经营过程中，企业根据自身的物流能力和物流对企业的重要性组成了上述区域，一般来说，企业可按下列思路来进行选择和决策。

在状态 I 下，物流对企业有较大的重要性，企业也有较强的物流能力，在物流成本较低和地理区域较小但市场相对集中的情况下，可采取自营物流模式，以提高顾客的满意度和物流效率，与营销保持一致。

在状态 II 下，物流虽对企业有较大的重要性，但企业的物流能力较低，此时，企业可采取的策略是寻求物流伙伴来弥补自身在物流能力上的不足。可供选择的模式有三种：①加大投入，完善物流系统，提高物流能力，采用自营物流模式；②进行一些投入，强化物流能力，采用共同物流模式；③采取第三方物流模式，将物流业务完全委托专业性的物流企业来进行。一般说来，在市场规模较大，且相对集中及投资量较小的情况下，企业可采取自营物流模式；若情况相反，则可采取第三方物流模式。

在状态Ⅲ下，物流在企业战略中不占据主要地位，但企业却有较强的物流能力，此时，企业可向外拓展物流业务，以提高资金和设备的利用能力，既可以采取共同物流的模式，也可以采取互用物流模式。若企业在该方面具有较大竞争优势，也可适当地调整业务方向，向社会化的方向发展，成为专业的第三方物流服务企业。

在状态Ⅳ下，企业的物流能力较弱，且不存在较大的物流需求，此时，企业宜采取第三方物流模式，将企业的物流业务完全或部分委托给专业的物流企业去完成，而将主要精力放在企业最为擅长的生产经营方面，精益求精，获得更大的收益。

（二）定量分析方法

定量分析，是指通过对数据资料的量化分析来确定物流模式的方法。物流模式定量分析方法有很多种类，以下主要介绍比较选择方法，并针对确定型、不确定型以及风险型情况进行分析。

比较选择方法主要是企业通过对物流成本、收益等进行比较而选择物流模式的一种方法，一般包括确定型决策、不确定型决策和风险型决策等。

1. 确定型决策

确定型决策，是指一个物流模式只有一种确定的结果，只要比较各个方案的结果，即可选择物流模式的决策。这类问题一般为单目标决策，此时企业可以运用价值分析来进行选择。

在利用确定型决策选择物流模式时，要明确这些内容：①决策目标要明确；②至少要有两个可供选择的物流模式；③未来有一个确定的自然状态或一组确定的约束条件；④各备选方案的自然状态或约束条件的效益值可以确定。

2. 不确定型决策

不确定型决策，是指一种物流模式可能出现几种结果，而又无法知其概率时所进行的决策。其条件是：决策者期望的目标明确，存在着不以决策者意志为转移的两种以上状态，具有两个或两个以上可供选择的物流模式，不同模式在不同状态下可以获得相应的损益值。不确定型决策作为一种决策方法，虽带有较大的主观随意性，但也有一些公认的决策准则可供企业在选择模式时参考。

第一，按乐观准则来决策。首先从每种模式中选择一个最小成本看作必然发生的自然状态。然后在这些最小成本的模式中，再选择一个最小成本的模式作为满意方案。这种决策方法，一般适用于把握较大和风险较小的情况。

第二，按悲观准则来决策。首先从每种方案中选择一个最大成本作为评价模式的基础，其实际上是对每个局部模式持悲观态度，从不利的角度出发，把最大成本作为必然发生的自然状态，将不确定型问题变为确定型决策问题来处理。然后，再从这些最大的成本之中选择成本最小的模式。在现实经济生活中，这种决策方法一般适合于把握性小和风险较大的问题。

第三，按折衷准则①或赫维斯准则来决策。赫维斯准则认为决策者不应极端行事，而应在两种极端情况中求得平衡。具体的方法是根据决策者的估计，确定一个乐观系数 a，a 的取值范围为 $0 < a < 1$。给最好的结果和最坏的结果分别赋以相应的权数 a 和（1-a），中间结果不予考虑。

第四，按等概率准则②或拉普拉斯准则来决策。拉普拉斯准则认为，在不确定型决策中，各种自然状态发生的概率是未知的，若按最好或最坏的结果进行决策，都缺乏依据。解决的办法是给每种可能出现的结果都赋以相同的权数，若有几种自然状态，则每种自然状态发生的概率都相等，其和为 1，然后计算出各个方案（物流模式）在各种自然状态下的加权平均值，并根据决策（指标）的性质来进行决策。

第五，按最小后悔值准则来决策。这种决策方法是以每个模式在不同自然状态下的最小成本值作为理想目标。如果在该状态下，没有采取理想模式，而采取了其他模式，从而会使成本增加，决策者就会感到"后悔"，这样每个自然状态下的其他模式成本值和它与理想值之差所形成的损失值，就称为"后悔值"，然后按模式选出最大的后悔值，在最大的后悔值中再选出后悔值最小的成本值，其对应的模式就是企业所要选择的模式。这种决策方法是较为保险的一种决策。

从上面介绍的五种准则可以看出，同一问题按不同的准则来决策，决策的结果也存在着差异。因此，企业在应用不确定型决策方法来选择物流模式时，还应该考虑其他方面的因素。

3. 风险型决策

风险型决策，是指在目标明确的情况下，依据预测得到不同自然状态下的结果及出现的概率所进行的决策。由于自然状态并非决策所能控制，因此，决策结果在客观上具有一定的风险，故称为风险型决策。风险型决策通常采用期望值准则。一般是先根据预测的结果及出现的概率计算期望值，然后根据指标的性质及计算的期望值结果进行决策。产出类性质的指标，一般选择期望值大的方案；投入类性质的指标，一般选择期望值小的方案。

---

① 折衷准则，又称乐观系数准则、赫维斯准则。它是介于乐观准则和悲观准则之间的一种决策调整准则，这种准则既不像乐观准则那样在所有的方案中选择效益最大的方案，也不像悲观准则那样，从每一方案的最坏处着眼进行决策，而是在极端乐观和极端悲观之间，通过乐观系数确定一个适当的值作为决策依据。这种利用乐观系数进行决策的方法就叫作折衷准则。

② 等概率准则，又称拉普拉斯准则（Laplace 准则）、等可能准则、平均准则，是不确定型决策准则之一。等概率准则是指信息不完全时的一种决策准则。当决策者在决策过程中不能确定这一事件容易发生，还是那一事件容易发生时，只好认为各种事件发生的机会是相等的，即发生的概率是相等的。

四、企业物流模式的经济分析

从经济角度做进一步考察，企业物流模式的选择需要考虑物流资产的专用性、成本（包括交易成本与物流管理运作成本）、服务水平以及人力资源等因素。

（一）物流资产的专用性

1. 物流资产专用性的内涵及影响

（1）物流资产专用性的内涵。专用性资产，是指为支持某项特殊交易而进行的耐久性投资。资产专用性作为衡量专用性的程度，是指一项资产在不牺牲生产价值的条件下，可调配用于其他用途的程度，与沉没成本有关。资产专用性至少可以分为五类：①地点专用性，将衔接的岗位以相互关系密切的方式来安排场所，以节约库存和运输费用；②有形资产专用性，如用于专门生产某一特定型号零件的机器；③人力资本专用性，如在工作中，以边干边学方式形成的知识和技能，通常对人力资源所在企业具有最重要价值；④定制的服务，如按客户要求专门设计的冷链运输；⑤品牌专用性，如企业的商标、产品质量等。

在物流中，资产有着较强的专用性：①在地点方面，物流据点、仓库、码头等都具有较强的专用性；②在有形资产方面，为进行物流作业所需要的物流作业设备，如装卸搬运设备、包装设备、运输设备、分拣设备等也具有较强的专用性；③物流专业人才；④为专门行业、某一类企业或某一类产品提供专门服务而设置的物流系统等，在个性化服务的今天，此类投资更具有明显的专用性，比如为一些鲜活商品或货物所提供的仓储与运输服务所需要的设备等；⑤物流企业的商标与服务质量。

（2）物流资产专用性对物流模式的影响。物流资产的专用性，对企业物流模式有着极为重要的影响，企业在考虑自身物流模式时，首先要考虑的一个重要问题是物流资产的专用性问题。对于生产企业和商业企业等非物流企业来说，由于其主要业务活动不是物流活动，核心竞争力也非物流（尽管物流对企业的生产经营活动可能有着重要的作用与影响），因此其对物流方面的投资——特别是专用性很强的物流资产方面的投资，必须要考虑其可能带来的价值与损失。对于物流企业来说，由于其投资主要是为需求主体（主要是生产企业和流通企业）服务的，在有资产专用性投资的情况下，其必须要考虑需求主体需求的稳定性、规模性，需求主体的可信任程度以及长期关系等方面的因素。

第一，从稳定性来看，如果需求不稳定，会给物流企业的经营带来不稳定性。在需求规模较大时，专用性投资可能会过度使用；而在需求不足时，又会使资产闲置。

第二，从规模性来看，如果需求主体的需求规模较小或市场需求的规模较小，进行该项专用性资产的投资，就不可能获得预期的收益。

第三，从信任性角度来看，如果缺乏应有的信任度，物流企业会减少其在专用性程度很高的资产方面的投资，因为如果协议中断，则这种投资将失去其大部分的价值；反之，物流企业可适当加大对该方面的投资。当然物流企业为了提高双方的信任度，就有必要加强与需求方的沟通与交流，保证合作的顺利进行。实际上，物流企业为增强合作，在信任方面所进行的投资也构成了专用性投资。

第四，长期关系对资产的专用性投资有着重要的影响，对于物流企业（物流服务提供者）来说，如果能够与物流服务的需求者保持一种长期的合作关系，那么它就会增加物流资产上的投资，尽管这项投资具有较强的专用性。因而在该方面，物流企业更加重视长期关系，而不是短期关系。

2. 物流资产专用性的决策分析

就一项决策而言，企业进行该项物流资产的投资，从收益的角度考虑，在不考虑风险的情况下，其投资决策的基本原则可用数学公式表示为：

$$NPV = \sum_{n}^{l} \left[\frac{C_t}{(1+r)^t} + \frac{S_n}{(1+r)^n} \right] - I \geqslant 0$$

（4-1）

当考虑投资风险时，其投资决策的原则也可用数学公式表示为：

$$NPV = \sum_{n}^{l} \left[\frac{C_t}{(1+r+\theta)^t} + \frac{S_n}{(1+r+\theta)^n} \right] - I \geqslant 0$$

（4-2）

式中：NPV——投资收益或净现值；

　　　　n——投资使用年限；

　　　　r——利率；

　　　　θ——风险补偿率；

　　　　Ct——t 期的收益；

　　　　Sn——投资设备残值；

　　　　I——投资成本。

当存在多个投资选择，且投资大小不一时，其投资决策可用投资收益率或净现值率来进行衡量。

$$NPV' = \frac{NPV}{I}$$

（4-3）

式中：NPV'——投资收益率或净现值率。

决策基本原则是选取投资收益率或净现值率最大的投资。

（二）交易成本与物流管理运作成本

企业选择物流模式的另一个要考虑的因素是成本问题，主要包括：交易成本、物流管理运作成本以及两者之间的关系。

1. 交易成本

交易成本（或交易费用）是指在交易过程中，为寻找交易对象、签订交易合同、实施和履行合同、监督与保障合同顺利进行所需要的费用或所付出的代价。交易费用对企业物流模式的影响主要表现在：当交易费用较大时，企业就有可能采取自营的物流模式或其他方式的物流模式；当交易费用较小时，企业就可能采取物流外包（第三方物流模式）。

2. 物流管理运作成本

物流管理运作成本是指当企业采取自营物流模式时所支付的成本，主要包括：①进行物流运作的成本；②物流人员方面的投资与成本；③用于构建物流系统所进行的投资，主要包括设施与设备方面的投资与成本等；④其他成本。物流管理运作成本的高低除受以上因素的影响外，还受到企业管理水平、物流规模的大小、所提供的物流服务水平、资源占有程度大小等其他因素的影响。

在考虑成本因素时，企业对选择物流模式，既不是单一地来考虑交易成本，也不是单一地来考虑物流管理运作成本，而是把两者结合起来，综合加以分析来确定自己的物流模式。一般来说，当交易成本小于物流管理成本时，企业就有可能偏向于物流外包模式，即第三方物流模式；反之，企业就有可能选择自营物流模式或其他可能的物流模式。

这种决策看起来相当简单，不存在任何的难度。但事实上，在这种决策过程中还存在着风险，即当企业的产品或市场营销区域等发生转变时，原来用于物流设施与设备方面的专用性资产投资就可能面临较大的损失。由于物流设施与设备具有较强的专用性，一般来说，当企业要建立一个适应自身生产经营活动需要的物流系统，将需要较大的投资，也就是说将形成较大的沉没成本。如果经营发生变化，该方面可能面临较大的损失。因为对于非物流企业来说，其在该方面所进行的投资，更多是为了满足企业自身生产经营活动需要而进行，资产的专用性较强。

另外，对于专用性资产投资所可能产生的风险成本如何正确地予以估算，目前存在着较大的难度。

（三）服务水平与物流能力

1. 服务水平

服务水平构成了企业选择物流模式的又一重要因素，一般来说，在其他条件相同的情况下，企业大都选择服务水平较高的物流模式。构成物流服务水平的因素有很多，主要包括物流效率、服务质量、沟通、信任以及方便等。

（1）物流效率。物流效率是衡量物流服务水平高低的一个重要因素。从外部来衡量，物流效率主要反映了物流能否及时地响应客户的需求、能否及时地满足用户的需求。物流效率可用物流周期来加以衡量。物流周期是指从用户提出需求到用户需求得到满足所经过的时间，其主要包括订单处理时间和物流实体作业时间两大部分。订单处理的时间主要包括订单传送、订单处理、订单准备、订单挑选以及订单发送等时间；实体作业时间主要包括包装、装卸搬运、储存、流通加工以及运输（送货与交货）等时间。

（2）服务质量。质量即可靠性，是指物流服务的提供者能否按照用户的需要来提供可靠性的物流服务，也就是说是否能够以最小的总费用，按用户的要求，将物质资料从供给地向需要地进行转移，或能否"在恰当的时间、地点和恰当的条件下，将恰当的产品以恰当的成本和方式提供给恰当的消费者"。一般来说，衡量物流服务水平可以从订单（主要包括订单处理的及时率、完整性、准确率等）、时间保证（能否按照用户的需求准时交货）、货物数量（是否准确）、安全交货等方面来考虑。

（3）沟通。和用户进行沟通是相当重要的，有效及时地与用户进行沟通，不仅是提供高水平物流服务的一条重要途径，而且也是解决问题与矛盾的重要手段。和用户进行沟通不仅要考虑沟通的方式，而且也要考虑与用户沟通的内容。

（4）信任。信任会对企业物流模式的选择有着较大的影响，这里的信任主要是指物流服务提供者与物流服务需求者之间的信任。信任度的提高可以使物流服务需求者增加物流外包的数量与范围，也可以使物流服务提供者增加物流方面的投资，特别是程度较高的专用性物流资产的投资。一般来说，企业之间的信任主要包括契约性信任、能力信任和信誉信任。契约性信任是指相信对方遵守诺言，并履行协议；能力信任是指对对方有能力完成承诺的信任；信誉信任是指对对方品行、品质的一种信任。在上述三种形式的信任中，信誉信任的级别是最高的，该种信任包含了契约性信任和能力信任。

在现实过程中，由于不同的用户对服务水平有着不同的理解，而且也存在着不同的要求，这也使服务水平的衡量标准存在着较大的差异。

（5）方便。这里的方便主要是指对用户的方便，一个高质量的物流服务水平，不仅要考虑物流的效率问题，而且也要考虑是否能够为用户提供方便。

2. 物流能力

物流服务水平是以物流能力为基础的。没有强大的物流能力，就难以实现高质量的物流服务。企业在选择物流模式时，不仅要考虑自身的物流能力，而且也要考虑外部的物流能力，通过两者的相互比较，选择适合自身的物流模式。电子商务要求用新的物流理念来看待物流能力。在电子商务市场中，新的物流网络需要有处理频繁的订单能力、将正确的订单在正确的时间发送到位的能力、与客户交流载运信息的能力、利用网络处理和填写订单的能力、与配送中心的其他成员共享信息的能力。

（四）人力资源

是否具有专门的物流人才也是企业选择物流模式的一个主要依据。就一般情况而言，当企业拥有较多的物流人才时，企业可能偏向于采用自营物流模式；而当企业物流人才较少时，企业可能偏向于采用物流外包模式（第三方物流模式）。

第二节　第三方物流模式及其服务价值

第三方物流，最初是由欧美一些发达国家的外包业务融入物流产业后形成的。而真正的启动与迅猛发展则是在 20 世纪 90 年代，由于全球经济一体化与专业化分工程度加深，使得发达国家的许多企业意识到自有物流成本太高，而选择社会化物流，可在他人的规模经营、标准化作业下，降低自身成本，改善服务质量。

一、第三方物流企业运作模式

（一）第三方物流的内涵

对于第三方物流的内涵，可以进一步地从以下四个方面来理解。

第一，服务内容。第三方物流侧重于为客户提供一体化的综合物流服务，这包括纵向的连接与横向的整合两个方面的服务内容。在纵向的连接方面，第三方物流企业可以完成从供应物流、生产物流到销售物流的完整过程的组织、运作和管理；在横向的整合方面，主要体现在对物流服务资源的整合和优化利用，如运输车队的选择、仓储资源的选择等。

从服务内容的角度出发，可以把第三方物流企业同一般的货代类企业区分开来，也可以将其与单环节的标准化服务，如快递、海运、空运等区分开来。

第二，业务运作。在一个完整的物流服务体系中，第三方物流企业处于客户和包括车队、仓储企业等在内的低层专业化物流企业之间，它通过整合低层次的物流资源，为客户提供一站式的物流服务。从业务运作的角度，可以看出第三方物流的本质，即第三方物流企业是独立于物流需求（客户）和物流供应（专业化车队、专业化仓储企业等）之外的一方，具有十分明确的整合和管理内涵。

第三，客户关系。对第三方物流的采购不是客户向物流服务商的偶然的、一次性的物流服务采购活动，而是采取委托—承包形式的业务外包的、长期的合作关系。物流服务商同客户之间所体现的是一种战略性的合作伙伴关系，这不同于简单的货运或仓储服务。

第四，拥有的运作资源。作为第三方物流企业一般不需要掌握物流运作的核心资源，或者自身拥有的资源在整个服务所使用的资源中所占的比重较小。

（二）第三方物流运作模式

第三方物流企业作为专业化的物流服务提供商，其运作模式的正确与否在很大程度上决定了第三方物流企业的声誉与效率。资源整合和物流服务的模式共同决定了第三方物流企业的运作模式，也是其区别于竞争对手的关键所在。因此，对于第三方物流服务提供者而言，如何提供服务固然是其战略重点，但如何整合资源更是应该首先考虑的问题。

1. 分类准则

第三方物流的运作模式主要是指第三方物流企业整合资源和提供服务的模式。因此，可以以资源整合、服务内容、服务范围作为界定依据，对第三方物流企业的运作模式进行分类。

（1）资源整合。从资源整合的方式看，第三方物流企业主要有两种类型：一种是非资产型第三方物流企业，另一种是资产型第三方物流企业。

非资产型物流企业，又称管理型第三方物流，是指仅拥有少数必要的设备设施，基本上不进行大规模的固定资产投资，主要是凭借其自身优异的管理和项目运作能力，通过信息技术整合其满足客户物流服务所需的运输或仓储等社会物流资源的物流服务提供商。它们不把拥有第一种类型的资产作为向货主企业提供服务的手段，而是以本身的管理、信息、人才等优势作为核心竞争能力。这种类型的第三方物流企业，不是没有资产，而是主要拥有第二种类型的资产。它们通过网络信息技术的运用，以高素质的人才和管理力量，利用社会的设施、装备等劳动手段最终向货主企业提供优良服务。

资产型物流企业，是指本身拥有仓库、运力等一种或多种有形物流资产，并依托其资源提供核心服务的物流服务提供商。它们通常采取的方式是自行投资建设网点和购买装备，除此之外，还可以通过兼并重组或者建立战略联盟的方式获得或利用资源。虽然需要较大的投入，但拥有自己的网络与装备有利于更好地控制物流服务过程，其柔性化能力和整体服务质量也有保证，雄厚的资产还能展示一个公司的实力，有利于同客户建立信任关系，对品牌推广和市场拓展有重要意义。

在实际运营中，是采用非资产型第三方物流的运营方式，还是采用资产型第三方物流的运营方式，并没有绝对的标准，这主要取决于企业的背景、投入能力、战略规划以及宏观环境。

（2）服务内容。在服务内容上，依据所提供服务集成度的高低，第三方物流企业可以提供四个层次的物流服务，即功能型物流服务、增值型物流服务、综合集成服务和系统咨询设计服务。

第一，功能型物流服务，属于集成度最低的物流服务，主要是指仅能提供诸如货代、运输、仓储与配送中的某一项或几项服务。提供功能型物流服务企业的竞争力体现在，在充分有效利用自有资源的基础上提高功能物流服务的经营效率，达到比自营物流更高效、更低成本的运作。传统的运输、仓储企业实际上就是提供这种服务的。

第二，增值型物流服务，是在保证提供高水平的功能型物流服务的基础上，附加一些增值服务，替客户分担更多的非核心业务。增值服务没有固定的组成要素，不同的行业所需的增值服务也不尽相同。

第三，综合集成服务。提供综合集成服务的物流企业能够把供应链上的一段（如销售物流）或者整个供应链的物流活动高度集成、有效衔接，进行运作、管理和优化，它们为客户提供一种长期的、专业的、高效的物流服务。

第四，系统咨询设计服务。提供系统咨询与设计的物流企业不仅具备运营和管理整个供应链的能力，而且能够利用专业、科学的物流知识为客户量身进行物流体系的规划、设计、整合和改进，全面提升运作效率与效益，提高客户服务水平和快速反应能力，更好地支持和服务于客户的可持续发展战略。

（3）服务范围。服务范围主要是指第三方物流企业所服务的行业范围。有些企业服务范围相对较窄、较集中，仅为单一或者少数行业提供服务，另外一些企业服务范围很广，可以为多个行业提供服务。在成熟的物流市场上，第三方物流企业为了建立自己的竞争优势，一般将主营业务定位在特定的一个或几个行业，因为不同的行业其物流运作模式是不同的，专注于特定行业可以形成行业优势，增强自身的竞争能力。

2. 类型划分

根据第三方物流企业资源整合和提供服务的方式不同，可以将其归纳为以下八种运作模式，如表 4-1 所示。

表 4-1 第三方物流企业运作模式类型

第三方物流企业的运作模式	资源整合方式	提供服务的方式	
		服务内容	服务范围
理论模式一	资产型	高集成	广
理论模式二	非资产型	高集成	广
综合物流模式	资产型	高集成	窄
综合代理模式	非资产型	高集成	窄
功能物流模式	资产型	低集成	广
功能代理模式	非资产型	低集成	广
集中物流模式	资产型	低集成	窄
缝隙物流模式	非资产型	低集成	窄

资料来源：舒辉 . 物流与供应链管理 [M]. 上海：复旦大学出版社，2014：216.

二、第三方物流服务的价值分析

关于第三方物流的价值，可以从不同角度来分析。但从现代物流的实质来看，它是企业在既定的客户服务政策下，以最低的费用完成产品价值的实现。因此，基于这个角度分析，可认为第三方物流服务的价值主要体现在能力价值和成本价值两个方面。能力价值反映的是满足客户服务水平程度的能力；而成本价值则体现实现这个客户服务水平程度的最低费用水平。

（一）能力价值分析

能力价值主要体现在管理技术能力和网络能力两个方面。

1. 管理技术能力

管理技术能力，是第三方物流区别于第二方物流最重要的特征，是相对于第二方物流而言最重要的优势，它是第三方物流的核心价值。因为企业物流现代化的最大目标就是将物流成本大幅降低，而物流成本的降低需要靠物流系统的科学规划，物流信息系统的合理使用和在发展过程中根据实际情况不断改进，所有这一切都有赖于管理技术能力作为基础。第三方物流正是以自己在物流方面的专业优势，帮助客户企业有效地挖掘第三利润源。可以说，这就是第三方物流企业最大的价值所在。

管理技术能力具体体现在系统策划能力、个性服务能力、信息系统和创新能力方面。

（1）系统策划能力。由于物流系统不论在深度上还是在广度上，都大大地延伸，使得物流系统策划的复杂性日益凸显，导致物流系统策划成为一个只有专家才能涉足的领域。所以，第三方物流企业的物流策划能力是最能体现其专业水平的能力，是第三方物流作为专业的物流整体方案提供者最重要的能力。

（2）个性服务能力。这是第三方物流区别于第二方物流的重要特点，第二方物流一般以大规模标准化服务为特色，针对客户的个性化能力不强，尤其是在服务内容方面弹性不足；而作为方案提供者的第三方物流企业，一般是在系统策划的基础上，向客户提供量身定制的、个性化的物流服务。

（3）信息系统。信息化既是现代物流的重要趋势，更是现代物流赖以存在的基础。第三方物流企业必须拥有相应的信息系统同客户系统进行数据交换，只有这样才能保证物流管理的效率性和准确性。将信息系统的建设作为保持行业领先地位的重要手段已经成为当今大型第三方物流企业的法宝。

（4）创新能力。若想维持自己在当今市场上的竞争优势，第三方物流企业就必须不断地引进新的技术手段、设备，并不断地创新自己的管理和运营模式，以提高服务降低成本。这种持续不断的创新能力就是第三方物流服务的一个显著特征。

2. 网络能力

网络化是现代物流的另一个趋势。随着企业物流所需要的网络越来越细致，如门到门的服务，或网络覆盖的范围越来越广，大型跨国公司的物流网络可能在世界范围内分布，生产、制造或零售业发现越来越难以驾驭自己的物流网络，在这种情况下，第三方物流的网络就成为它们的必然选择。

网络能力的强弱，主要体现在所能提供的第三方物流服务的覆盖范围。从覆盖的广度来看，是世界级的、国家级的，还是地区级的、城市级的；从覆盖的深度来看，是城镇级的、乡村级的，还是住户级的。这反映出第三方物流企业能在多大的范围内、多深的程度上，向客户提供个性化的物流服务。

大型的第三方物流企业，一般通过自建或整合社会物流资源，形成一定范围内的物流服务网络。而这些网络在提供一般性服务的同时，也可以根据客户的特殊需要进行个性化的服务，从而比较好地满足客户要求。

（二）成本价值分析

管理技术能力和网络能力是从能力方面来体现第三方物流的价值，而客户整合和供应商整合则体现的是第三方物流在降低成本方面的价值。

1. 客户整合

第三方物流企业一般会同时为一定数量的客户提供物流服务，在服务过程中，对客户的物流业务进行整合，通过降低成本来创造价值。

（1）规模效益。第三方物流通过为多家企业服务，实现管理和运作的规模效益。这一点在同企业自营物流相比较时，有时会表现出明显的优势。因为企业在自营物流时，人力资源、设施能力、信息系统能力等可能得不到充分地利用，管理成本相对比较高；而第三方物流企业能够通过多个客户业务的整合，达到规模经济，有效地降低成本。

（2）互补效益。第三方物流企业在选择客户的时候，会考虑业务类型的搭配，如货物密度、物流活动区域分布、物流活动的季节性等，通过合理搭配、均衡货流、季节互补等手段，实现物流的互补效益。

2. 供应商整合

第三方物流在对第二方物流进行整合的基础上为客户提供综合物流服务，在供应商整合环节，第三方物流仍然存在降低成本的空间。

（1）议价能力。一般第三方物流企业同时拥有多家客户，其在对业务进行外包的过程中，同客户直接寻找第二方物流服务相比，一般具有更大的议价能力，可以获得更加优惠的价格。

（2）整合效益。第三方物流服务商一般通过将业务进行分类，然后分别发包给不同的第二方物流服务商，以取得整合效益。对运输供应商和仓储供应商的整合是第三方物流企业最常用的整合对象。

第三节　现代物流运营管理模式的要点

现代物流的有效运行取决于其是否具有先进的信息系统、发达的物流网络体系以及良好的社会信誉。只有这样顾客才有可能放心地将其对物流的控制权交给物流服务商；同时，物流服务商也才能有资本和能力去满足顾客所要求的全方位的"门对门"服务。

一、现代物流的信息化

随着互联网、信息技术的广泛应用，电子邮件、电子商务、虚拟经济的发展，极大地改变着传统的生产、交易和生活方式。现代物流是物流服务功能的集成，管理和控制这些功能必然反映到对物流各环节的信息整合上来。从这个意义上讲，现代物流是对物流中的信息流、存货流和商流的优化、协同，共同实现物流系统的目标。所以，信息是进行现代物流策划和控制的基础，在根据物流服务需求的采购、生产、销售计划及其业务流程、设计、选择最佳的物流运作方案时，需要有大量的关于顾客的调货、仓储、配送等方面的信息。若物流系统成员之间出现信息失真或传递不及时，必将会产生巨大的不经济性，如过分的库存、顾客服务差、物流计划不合理、误导运输供给和设计等，即导致出现所谓的供应链中的"长鞭效应"[①]。

物流的信息化主要表现为物流信息收集的数据库化和代码化、物流信息处理的电子化和计算机化。因此，要利用电子商务推广物流管理的四大新技术：条码技术（通过扫描对信息实现自动控制技术）、EDI 技术（电子数据的交换和自动处理）、GIS 技术（通过地理信息系统实现物流配送的最佳模型）、GPS 技术（通过全球卫星定位系统实现物流配置国际化）。

信息化建设是一项长期而艰巨的任务，根据有所为有所不为的原则，应重点从以下几个方面实施物流信息化建设。

第一，信息化整合。这包含着两层意思：①必须将物流供应链上的所有企业和机构，都纳入信息化的整合范围，换言之，必须把服务对象、服务对象的对象、服务对象的供应商，以及物流服务供应商、物流服务供应商的供应商等相关的企业和组织，统统纳入统一的物流信息体系；②意味着信息的统一化、标准化。

第二，物流信息标准化数据库建设。解决单一单位或系统的信息孤岛问题，在物流链上下游之间建立快速、及时和透明的信息传递和共享机制，实现不同行业、不同产品、不同单位的信息互联互通的关键在于物流信息标准化。为此，必须实施和制定出不同物流系统之间信息交流与处理的标准协议或规则，作为跨系统、跨行业和跨地区的物流运作桥梁，以顺利实现不同单位间物流数据的交流、不同地区间物流信息的交流、不同供应链系统间信息的交流、不同物流软件系统信息的交流等，最终完成物流系统集成和资源整合的目的。

---

① "长鞭效应"基本思想是：当供应链上的各节点企业只根据来自其相邻的下级企业的需求信息进行生产或者供应决策时，需求信息的不真实性会沿着供应链逆流而上，产生逐级放大的现象。当信息达到最源头的供应商时，其所获得的需求信息和实际消费市场中的顾客需求信息发生了很大的偏差。由于这种需求放大效应的影响，供应方往往维持比需求方更高的库存水平或者说是生产准备计划。

第三，物流信息平台的建设与开发。物流信息平台是进行资源交换、优势互补的场地，更是物流系统进行组织、运行、控制和管理的中枢神经。它能实时、准确、透明地获取物流资源、物流需求、物流状态等数字化信息，承担整个物流链资源的优化调配和服务计划的协调任务，支持管理、支持服务、支持业务操作、支持资源整合，同时为顾客提供国际贸易、国际航运信息服务及货物运输业务网上受理、运输解决方案、网上单据传递、货物动态跟踪、电子报关、网上结算等在线业务，为顾客提供无缝服务。物流信息平台的建设与开发必须从充分调动物流资源、物流单位相互支持和融合的角度出发，进行统一规划和实施。其主要由基础支撑、数据采集、数据资源、应用和用户等五个部分组成，能承担物流组织、能力控制、资源控制、需求控制、电子商务、在运控制、物流动员、物流业务等任务。

第四，积极采用高效的信息技术。信息技术使得数据能够被快速、准确传递，提高了库存管理、装卸运输、配送发送、订单处理的自动化水平，使企业间的协调和合作有可能在短时间内迅速完成；同时，物流信息管理软件的迅速发展，使在各项物流业务中的成本被精确计算出来，还能有效管理物流渠道中的商流。此外，由于顾客货物的特性，供应链各节点企业的地理分布、时间、服务要素形成的复杂物流网络，只有凭借信息系统的技术支持，在物流服务链各方实现信息实时共享的情况下才能流畅地运转。

目前，用于支撑物流运作的信息技术有：信息快速交换的 EDI 技术、资金快速支付的 EFI 技术、信息快速输入的条形码技术和网上交易的电子商务技术。这些技术为物流企业在供应方和需求方之间建立起良好的合作关系提供了有力的技术保障，提供企业内部信息系统与外部供应链节点企业和用户很好的接口，信息共享和交互，达到操作的一致性。

二、现代物流的网络化

作为物流管理与运行的基础，现代物流的网络化包含两个方面的内容：①实体化的物流网络；②基于现代先进技术的电子化的物流信息网络。这两者共同构成现代物流企业的运行平台。

（一）实体化的物流网络

实体化的物流网络是物流运作的物质基础，完善、发达的实体化物流网络将有助于提高物流运行的效率，降低物流成本。然而建立完善发达的实体化物流网络需要政府和物流企业的共同努力才可能实现，这是因为实体网络包括以下两个方面的内容。

1. 宏观层面

从宏观方面来讲，实体化的物流网络是指物流企业及其物流设施、交通工具、交通枢纽等在地理位置上的合理布局而形成的有形网络。其中，基础设施如机场、铁路、道路与航路网络、管道网络、仓库、物流中心、配送中心、站场、停车场、港口与码头、信息网络设施等都是发展物流产业所必需的基本条件。

从系统功能角度看，这方面的物流网络可分解为两个层次：①由区域与国家综合运输网络构成、承接跨区域物流服务运作的综合性骨干物流网络；②以各个物流枢纽为核心、以区域内运输网络构成、承担区域内物流服务的区域性物流辐射网络。在实际运作中，综合性骨干物流网络主要承担跨区域的长途干线分拨、跨区域配送等物流服务，而区域性物流网络则主要服务于区域内配送服务和城内与城间快运业务。

完善的高速公路系统、快速或者高速铁路系统、高密度的航空运输系统、宽阔的停车及装卸作业场所、大型自动化配送中心或物流中心以及配送中心或物流中心中设置的高架立体仓库、自动分拣系统、自动导向车系统，有标准化的可流通托盘等，这些都是现代物流平台所应具备的物流设施环境。很显然，就宏观环境建设方面来讲，实体化物流网络的建设在很大程度上依赖于国家与区域综合运输网络的发展水平。

2. 微观层面

从微观方面来讲，它是指企业自身所构建的业务网络，包括两个方面：①地域上的业务网络，它意味着所提供的物流服务能涉及多大的区域范围，如一个城市、一个地区、一个国家乃至世界各地；②物流功能环节上的业务网络，它是指企业所具备能满足顾客需求的各种业务功能的范围，如储运、增值服务、海运空运陆运各环节的报关代理、代理采购、金融保险、售后服务、逆向物流等。从理论上说，在地域和环节上可以全部覆盖，最能节约成本。但任何企业都不是全能的，都有自己的优势和劣势领域；同时，单凭其自身的资源及能力也不可能构建这种辐射宽广的物流业务网络。最好的办法是以合作伙伴、战略联盟或虚拟组织等形式集成一批与企业自身在业务领域或地域上具有互补性的物流服务供应商，形成一种"双赢"或"多赢"的物流运作网络。

任何一个企业做得再大，单凭其个体实力，其实体化的物流网络建设都不可能遍布全国乃至全球的每一个角落。只有通过整合社会化的资源，实施集成化的运作方式才有可能构建跨行业、跨地域、跨区域的实体化物流网络。

（二）电子化的物流网络

电子化的物流网络指以计算机技术和网络通信技术为核心的各种技术以及在物流系统中的各种管理信息系统共同组成的信息与通信网络。其中，发达的计算机信息系统、卫星通信系统、全球导航卫星系统（GNSS，如美国 GPS、俄罗斯格洛纳斯、欧盟伽利略系统、中国北斗导航系统）、地理信息系统（GIS）等都是电子化的物流网络必须具备的基本条件。

加强系统的管理效率是现代物流管理所面临的一个关键性问题。实现高效的关键在于各物流环节之间的协同运作，而协同运作则必须要在整个物流链成员间建立起电子化的沟通渠道。一方面，以交叉理货为核心的各类现代化仓储设施所涉及的订单、发货单、装箱单和签收单等物流过程的信息处理要通过数字化处理来完成；另一方面，车辆、货物等在途信息也要以数字的形式始终与其他环节保持沟通。这样整个物流链成员间的业务流程将数据化、电子化，再通过有效的方式连接起来，实现物流信息的互动，整个物流系统将变成一个综合的、立体的、全方位的网络，物流将转化为灵活控制的信息流。显然要实现这个目标，就必须实现信息共享，整合所有的物流资源，要做到这一点就必须要有一个全国性，甚至是全球性的电子化物流信息网络平台。借助于这个物流信息网络平台，可以让所有的用户（物流企业、制造企业、商业企业及消费者等）输入的资料都直接进入数据库，以便进行各种各样的数据处理，所有的数据可以永久储存，所有的用户都可以在这个平台上互动经营。

现代物流所要构建的物流网络应该是一个遍布全国，乃至全球的真正的物流网络，是实体化的物流网络和电子化的物流网络融为一体、结合在一起的物流网络。

三、现代物流服务的商业信誉

从现代物流服务的全过程来看，它实际上是一系列委托与被委托、代理与被代理的关系，是完全以信用体系为基础的。其成功运作在很大程度上依赖于供应链成员之间信用的建立和保持。信用是关键的，因为它是现代物流得以存在和发展的基础，是使伙伴关系、战略联盟成功的一个重要因素。更重要的，它是吸引顾客的主要资本之一。因为供应链成员之间的联结以及与顾客之间的联结都是建立在以契约为基本特征的信用基础上的。

从物流的历史看，物流随着一个社会的诚信度的提高而变得更容易，基于信任的合作是实施现代物流最根本的理念。因此，建立现代社会信用体系是促进物流产业发展所需的社会公德环境的基础，也是确保每一个物流企业能够生存、壮大的条件。

（一）宏观政策

从宏观上来看，政府应该制定各种诚信经营的政策、法律、法规、法令，保证企业诚信经营既有强大物质基础，又有章可循；要加大舆论宣传，在整个社会倡导诚信经营观念，弘扬诚信经营精神，鼓励诚信经营行为，提高诚信经营水平，反对非诚信经营现象，政府各执法部门要充分发挥其职能部门的作用，加大对企业诚信经营的监管与指导的力度，努力创造公平竞争、诚信经营的社会环境，认真维护企业、消费者的合法权益。

（二）企业自律

从微观上来讲，物流企业必须建立诚信经营的自律机制。

首先，制定诚信经营准则。通过制定明确的诚信经营准则，使企业明确自己的社会责任和社会使命，使职工明确什么是诚信经营，怎样做才能符合诚信经营准则，怎么做会违背诚信经营准则，从而使组织诚信与个体诚信同步协调，促进企业的持续发展。

其次，企业家群体应注重自律垂范。企业诚信经营准则是由企业家群体制定的，企业家应率先执行企业诚信经营准则，不能只说不做，也不能说一套做一套。

再次，加强诚信经营教育。一个企业要想获得发展，就必须把自己建设成为一个诚信型的组织，为此应开展诚信经营教育，丰富职工的诚信经营知识，提高职工诚信经营的水平是条必经之路。

最后，建立诚信经营的奖惩制度。要确保在企业中形成一种良好的诚信经营的环境，就必须要有一套赏罚分明的制度来加以保障。

第五章 供应链管理的系统运行

第一节 供应链采购管理

采购是一个复杂的过程，目前还很难对它进行统一的定义，根据不同的环境它可以有不同的定义。广义地说，采购是企业取得货物和服务的过程；狭义地说，采购是企业购买货物和服务的行为。然而，采购的过程并不仅仅是各种活动的机械叠加，而是一系列跨越组织边界的活动的成功实施。因此，对采购的定义可以是：用户为取得与自身需求相吻合的货物和服务而必须进行的所有活动。对采购活动进行的领导、组织、计划与控制的总称，就是采购管理。"处于供应链管理模式下的采购管理，能强化企业之间的协作管理，使企业之间形成利益共同体，最终实现企业管理水平的提升。"[①]

一、采购过程的主要工作

第一，确定或重新估计用户的需求。采购一般是对新用户或老用户的需求做出反应。用户可以是企业外部的客户，也可以是企业内部的其他部门；既可以是集体用户（如企业或其他组织），也可以是最终消费者（个体）。采购活动是为了满足用户需求而进行的。用户的需求可以来源于订单，也可以来源于企业对市场需求的预测。在任何情况下，一旦需求被确认，采购过程就可以开始了。需求可以由企业的不同部门（如制造部门或销售部门）甚至由企业以外的人员来确定（比如用户）。

第二，定义和评估用户的需求。一旦需求确定下来，就必须以某种可以衡量的标准形式来定义和表示采购对象。标准可以是简单的，如复印用纸可以是一定数量的白纸，原材料可以按重量计量单位或计数单位。如果企业要购买高技术产品，标准会很复杂。通过这些标准，采购专业人员可以把用户的需求告诉潜在的供应商。

第三，自制与外购决策。在需求由外部供应之前，企业应决定由自己来制造产品或

---

① 张园园. 供应链管理模式下企业物资采购管理研究 [J]. 商展经济, 2022（21）：87.

提供服务还是通过购买来满足用户的需求。即使做出了自己制造产品或提供服务的决定，企业也必须从外部供应商处购买某种类型的投入物。目前，这一步骤已变得越来越重要，因为越来越多的企业做出外包的决策，以便集中精力于自己的核心业务。

第四，确定采购的类型。采购的类型将决定采购过程所需的时间和复杂性。按时间和复杂程度不同，采购可以分为三种类型：①直接按过去的惯例采购或重新采购；②修正采购，需要对目前供应商或投入物做一些改变；③全新采购，由全新的用户需求引起的采购。

第五，进行市场分析。供应商可以处于一个完全竞争的供应市场（有许多供应商），或在一个寡头市场（有个别大的供应商），或垄断市场（一个供应商）。了解市场类型有助于采购专业人员决定市场供应商的数量、权力与依赖关系的平衡，确定哪种采购方式最有效（如谈判、竞争投标等）。有关市场类型的信息并不总是明显的，必须做一些研究，参阅有关历史资料、行业最新发展动态及行业协会信息等。

第六，确定备选供应商。找出所有能满足用户需求的供应商作为备选对象。在这一阶段，也可以把过去未被选中的供应商包括在内。在全球化的环境下，找出所有的供应商具有挑战性，需要进行一定的研究。如果企业规模很小，可以依靠常规使用的信息来源，如搜索引擎等。

第七，初步评估可能的资源。通过初步评估，选出可以满足用户需求的少数几家有实力的、优秀的供应商，以备进一步评估。在某些情况下，初步评估可能非常简单。例如，对于复印用纸，供应商可以定期检查手头有没有货；对于计算机配件，可能还需要内部技术人员进行一系列的测试。

第八，备选供应商的再评估。对于已经选出来的少数优秀的供应商，经过再评估后，就有可能确定哪家供应商最能满足用户的要求或期望。如果采购项目既简单又标准，并有足够数量的潜在供应商，那么可以通过竞争招标来实现。如果这些条件并不存在，则必须对供应商进行更加详细的评估，使用工程测试或模拟最终的使用情况。

第九，选择供应商。供应商的选取决定了买卖双方将建立的关系，这一活动也决定了如何维持与未被选上的供应商之间的关系。实际选取将依据依次讨论的数据来进行，如质量、可靠性、服务水平、报价等。

第十，采购执行的评价。供应商确定后，一旦完成相应的产品或服务供应之后，应对供应商的工作进行评价，以确定其能否真正满足本企业及用户的需求，这也是对采购进行管理与控制的活动。如果供应商的工作不能满足用户的需求，必须确定产生这些偏差的原因，并进行适当的纠正。

二、供应链管理及采购管理的信息处理系统

实现基于供应链管理理念的采购管理，关键是本企业与供应商之间建立长期的合作伙伴关系，双方能够畅通无阻地进行供需信息的交流和共享。因此，设计一个适合于企业供应链管理及采购管理的信息处理系统是实现畅通的信息交流的关键。根据信息的来源及处理的走向不同，一般可将信息系统分成内部信息交流系统和对外信息共享系统。

（一）内部信息交流系统

关于信息处理系统的解决方案有很多，但它们对采购管理的关注很少，有的系统甚至不支持采购管理信息的处理。现有的 MRP 或 MRPII 以及 ERP 系统都不能很好地支持基于供应链的采购管理，甚至缺乏专门为采购管理设置的数据库。因为它们只考虑如何合理地应用企业内部的资源来提高效率、降低成本，而极少考虑应用企业外部资源来创造价值。还有一些专用的采购管理信息处理系统，但它们大多是独立于其他系统之外的一个系统，没有很好地和企业系统集成起来。因此，建立基于供应链的采购系统，要将企业的采购信息与企业管理信息系统集成，为采购管理提供物料需求信息和库存信息。

（二）对外信息共享系统

信息技术的发展为企业与供应商的信息交流提供了很多平台，互联网、EDI 等已被广泛应用于商业信息传递中，其中 EDI 就是一种应用较为广泛的模式。EDI 是一种电子数据交换规范，双方使用同一种规范进行数据编辑和传递，利用企业之间的计算机网络来传递信息。它的特点是传递信息快、种类多、保密性好，但其费用昂贵，不适合中小型企业使用。目前，通过互联网与供应商共享信息是一种越来越普遍的选择。从效果来看，这种途径可以满足信息共享的需要，而价格要比 EDI 低很多。随着信息技术的进一步发展，将会有更好的技术平台用于供应链合作伙伴之间的信息共享。

为供应商提供信息技术支持是必要的，因为信息平台的使用要双方同时进行才可实现，而且平台的兼容性也是不得不考虑的内容。因此，要为供应商提供良好的信息技术支持，并保持在此领域的交流，以求整个系统的稳定。

三、供应链管理环境下的准时制采购特点

（一）选择较少的供应商，甚至单源供应

传统的采购模式一般是多头采购，供应商的数目相对较多。从理论上讲，采用单源供应比多源供应好。一方面，供应商管理比较方便，也有利于降低采购成本；另一方面，有利于供需双方之间建立长期稳定的合作关系，质量上比较有保证。但是，采用

单一的供应源也有风险，比如供应商出于意外原因中断交货，以及供应商缺乏竞争意识等。

在实际工作中，许多企业也不是很愿意成为单一供应商。一方面，供应商是具有较强独立性的商业竞争者，不愿意把自己的成本数据披露给用户；另一方面，供应商不愿意成为用户的一个产品库存点。实施准时制采购，需要减少库存，库存成本原先是在用户一边，现在转移到供应商。因此，用户必须意识到供应商的这种忧虑。

（二）对供应商的选择标准不同

在传统的采购模式中，供应商是通过价格竞争选择的，供应商与企业的关系是短期的合作关系，当发现供应商不合适时，企业可以通过市场竞标的方式重新选择供应商。但在准时制采购模式中，由于供应商和企业是长期的合作关系，供应商的合作能力将影响企业的长期经济利益，因此对供应商的要求就比较高。在选择供应商时，需要对供应商进行综合评估，在评价供应商时价格不是主要的因素，质量是最重要的标准，这种质量不单指产品的质量，还包括工作质量、交货质量、技术质量等多方面内容。高质量的供应商有利于建立长期的合作关系。

（三）对交货准时性的要求不同

准时制采购的一个重要特点是要求交货准时，这是实施精益生产的前提条件。交货准时取决于供应商的生产与运输条件。作为供应商来说，要使交货准时，可从以下几个方面着手。

第一，不断改进生产条件，提高生产的可靠性和稳定性，减少由于生产过程的不稳定导致的延迟交货或误点现象。作为准时制供应链管理的一部分，供应商同样应该采用准时制生产管理模式，以提高生产过程的准时性。

第二，为了提高交货准时性，运输问题不可忽视。在物流管理中，运输问题是一个很重要的问题，它决定着准时交货的可能性。特别是全球化的供应链系统，运输过程长，而且可能要先后使用不同的运输工具、需要中转运输等，要进行有效的运输计划与管理，使运输过程准确无误。

（四）对信息共享的需求不同

准时制采购要求供需双方信息高度共享，保证供应与需求信息的准确性和实时性。由于双方的战略合作关系，生产计划、库存、质量等各方面的信息都可以及时进行交流，以便出现问题时能够及时处理。

（五）制定采购批量的策略不同

小批量采购是准时制采购的一个基本特征。准时制采购和传统采购模式的一个重要不同之处在于，准时制生产需要减少生产批量，因此采购物资也应采用小批量办法。当然，小批量采购自然会增加运输次数和成本，对供应商来说，这是很为难的事情，特别是供应商在国外等远距离的情形，在这种情况下实施准时制采购的难度就更大，可以通过混合运输、代理运输等方式，或尽量使供应商靠近用户等办法解决。

第二节　供应链生产计划与控制管理

一、供应链生产协调控制的内容

供应链是一个跨越多企业、多厂家、多部门、多地域的网络化组织，一个有效的供应链企业计划系统必须保证企业能快速响应市场需求。有效的供应链企业计划系统集成企业所有的计划和决策业务，包括需求预测、库存计划、资源配置、设备管理、渠道优化、生产作业计划、物料需求与采购计划等。供应链是由不同企业组成的企业网络，有紧密型的联合体成员，有协作型的伙伴企业，有动态联盟型的战略伙伴。作为供应链整体，以核心企业为龙头，把各个参与供应链的企业有效地组织起来，优化整个供应链的资源，以最低的成本和最快的速度生产最好的产品，最快地满足用户需求，以达到快速响应市场和用户需求的目的。这是供应链企业计划最根本的目的和要求。

与供应链环境下的企业计划的特点一样，供应链环境下的企业生产控制和传统的企业生产控制模式也不尽相同。供应链管理需要更多的协调机制（企业内部和企业之间的协调），体现出了供应链竞争力的本质属性。供应链环境下的生产协调控制内容包括以下几个方面的内容。

（一）生产进度控制

生产进度控制的目的在于依据生产作业计划检查零部件的投入和出产数量、出产时间和配套性，保证产品能准时装配出厂。供应链环境下的进度控制与传统生产模式的进度控制不同，因为大多数产品是协作生产或转包的业务，相对于传统的企业内部的进度控制而言，其控制的难度更大，必须建立一种有效的跟踪机制进行生产进度信息的跟踪和反馈。生产进度控制在供应链管理中有重要作用，因此必须研究供应链企业之间的信息跟踪机制和快速反应机制。

（二）供应链的生产节奏控制

供应链的同步化计划需要解决供应链企业之间的生产同步化问题，只有各供应链企业之间以及企业内部各部门之间能够保持步调一致，供应链的同步化才能实现。供应链形成的准时制生产系统，要求上游企业准时为下游企业提供必需的零部件。如果供应链中任何一个企业不能准时交货，都会使供应链不稳定或中断，导致供应链对用户的响应性下降，因此严格控制供应链的生产节奏对供应链的敏捷性十分重要。

（三）提前期管理

基于时间的竞争是一种新的竞争策略，具体到企业的运作层，主要体现为提前期管理。在供应链环境下的生产控制中，提前期管理是实现快速响应用户需求的有效途径。缩短提前期、提高交货期的准时性是保证供应链获得柔性和敏捷性的关键。缺乏对供应商不确定性的有效控制是供应链提前期管理的一大难点，因此，建立有效的供应提前期的管理模式和交货期的设置系统是供应链提前期管理中值得研究的问题。

二、供应链管理环境下的生产计划

供应链管理是本企业与具有战略合作伙伴关系的企业通过物流、信息流和资金流的紧密合作来获取更广泛的资源。在日常的运作中，必须考虑供应链运作模式不同于传统的企业运作模式。在制订供应链的生产计划的过程中，必须解决好以下三方面的问题，才能实现供应链管理的目标。

（一）柔性约束

柔性实际上是对承诺的一种完善。承诺是企业对合作伙伴的保证，在这一基础上企业间才能具备基本的信任，合作伙伴也因此获得了相对稳定的需求信息。然而，由于承诺的下达时间超前于承诺履行的时间，尽管承诺方一般来讲都会尽力使承诺与未来的实际情况接近，但误差是难以避免的。柔性的提出为承诺方缓解了这一矛盾，使承诺方有可能修正其原有的承诺。承诺与柔性是供应合同签订的关键要素。

对生产计划而言，柔性具有以下含义。

第一，如果仅仅根据承诺的数量来制订计划是容易的，但是柔性的存在使这一过程变得复杂。柔性是双方共同制定的一个合同要素，对需方而言，它代表着对未来变化的预期；对供方而言，它是对自身所能承受的需求波动的估计。本质上，供应合同使用有限的可预知的需求波动代替了可以预测但不可控制的需求波动。

第二，下游企业的柔性对企业的计划产量造成的影响在于企业必须选择一个在已知的需求波动下最为合理的产量。企业的产量不可能覆盖需求的整个变化区域，否则会造成不可避免的过量库存。在库存费用与缺货费用之间取得一个均衡点是确定产量的一个标准。

第三，供应链上的企业是上下游贯通的，企业在确定生产计划时还必须考虑上游企业的利益。在与上游企业的供应合同之中，上游企业除了表达对自身所能承受的需求波动的估计外，还表达了对自身生产能力的权衡。上游企业供应合同中反映的是相对于该下游企业的最优产量，这是因为相对于该下游企业，上游企业可能同时为多家企业提供产品，因此，下游企业在制订生产计划时应该尽量使需求与合同的承诺量接近，帮助上游供应企业达到最优产量。

（二）生产进度

生产进度信息是企业检查生产计划执行状况的重要依据，也是滚动制订生产计划过程中用于修正原有计划和制订新计划的重要信息。在供应链管理环境下，生产进度计划属于可共享的信息。这一信息的作用如下。

第一，供应链上游企业通过了解对方的生产进度情况实现准时供应。企业的生产计划是在对未来需求做出预测的基础上制订的，它与生产过程的实际进度是不同的，生产计划信息不可能实时反映物流的运行状态。供应链企业可以借助现代网络技术，使实时的生产进度信息能被合作方所共享。上游企业可以通过网络和双方通用的软件了解下游企业的真实需求信息，并准时提供物资。在这种情况下，下游企业可以避免不必要的库存，而上游企业可以灵活主动地安排生产和调拨物资。

第二，原材料和零部件的供应是企业进行生产的首要条件之一，上游企业在修正原有计划时应该考虑下游企业的生产状况。在供应链管理下，企业可以了解到上游企业的生产进度，然后适当地调节生产计划，使供应链上的各个环节紧密地衔接在一起。其意义在于可以避免企业之间出现供需脱节的现象，从而保证整条供应链企业的整体利益。

（三）生产能力

企业要完成一份订单，不能脱离上游企业的支持，因此在编制生产计划时要尽可能借助外部资源，要考虑如何利用上游企业的生产能力。任何企业在现有的技术水平和组织条件下都具有一个最大的生产能力，但最大的生产能力并不等于最优生产负荷。当上下游企业之间稳定的供应关系形成后，上游企业从自身利益出发，更希望所有与之相关的下游企业在同一时期的总需求与上游企业自身的生产能力相匹配。上游企业对生产负荷量的期望可以通过合同、协议等形式反映出来，这样，下游企业在编制生产计划时就必须考虑上游企业在生产能力上的约束。

第三节 供应链管理组织与运行

一、供应链管理组织职能

供应链管理是管理学的细分领域，分析供应链管理问题离不开管理学的基本原理。供应链管理模型没有统一的范式，但不管采用哪一种模型来描述供应链管理活动，在其管理体系中最基础性的工作就是组织职能的设置。组织职能是为确保实施企业管理活动所提供的人员、材料、组织结构等基础材料及组织中进行部门划分、权力分配与工作协调的过程。因此，组织结构是所有管理活动的基本保证，供应链管理中的所有职能都需要通过组织体系落实。

（一）供应链管理部门的主要职能

传统的管理职能划分方法将企业的计划、采购、制造和物流管理安排给不同的部门分别管理，这些部门往往习惯从部门利益最大化出发考虑问题，不同职能部门之间容易产生冲突。如今这种做法已经开始改变。企业与供应链运作有关的活动集中在一个部门，由部门领导统一协调和控制这些管理职能，企业因此可在一张办公桌上做出统一决策，避免顾此失彼。

第一，供应链管理部的主要职能包括：①保证订单及时交付；②缩短订单履行周期；③快速响应紧急客户订单；④控制供应链总成本；⑤加快库存周转速度。

第二，采购部的主要职能包括：①根据客户订单及企业产品创新寻源采购；②供应商选择与绩效考核管理；③及时处理紧急采购订单；④缩短采购周期、降低采购成本；⑤提高原材料库存周转率。

第三，制造部的主要职能包括：①及时完成下达的生产订单；②压缩平均制造周期；③降低在制品及产成品库存；④及时响应并完成紧急订单；⑤提高精益生产管理水平，降低制造成本；⑥提高产能利用率。

第四，物流部的主要职能包括：①及时完成入厂物流任务；②履行订单交付出厂物流及末端配送任务；③压缩物流处理周期，及时响应及交付紧急物流任务；④调供应链物流运作，降低物流管理总成本。

第五，质量部的主要职能包括：①提高产品合格率；②提高质检响应速度；③提高检验设备利用率。

第六，工艺工程部的主要职责包括：①及时解决工程技术问题；②提高紧急工程技术问题解决速度；③提高设备利用率。

当然，不同的企业对供应链管理部门的职能设置有所不同，可以根据实际需要科学设置部门的工作职能。

（二）供应链管理主管的主要职责

一般而言，以供应链管理为主导的管理组织和领导体系都要设置供应链管理主管（如总经理）这一岗位，该岗位的功能和作用十分重要，其担当的主要职责包括：①制订和组织实施供应链战略规划和年度供应链计划；②优化企业的供应链体系；③统筹整个供应链的信息流、物流、资金流的整合；④负责供应链运营指标的制定与考核，提高企业供应链的运营能力；⑤战略供应寻源，调查和掌握供应渠道，确定供应商层级及战略定位，制定准入规则、管理和考核办法；⑥在企业并购、收购活动中，负责对待购标的企业的供应链状况进行调查，为日后的供应链整合提供依据和支撑；⑦推进企业绿色供应链、社会责任等工作的落实；⑧负责供应链管理团队建设、人才培养。

（三）构建新的管理组织时应注意的问题

要成功实施新的供应链管理模式，需要注意以下几个方面。

第一，实现从职能管理到面向业务流程管理的转变。强调管理面向业务流程，将业务的审核与决策点定位于业务流程执行的地方，缩短信息沟通的渠道和时间，从而提高对客户和市场的反应速度。

第二，注重供应链整体流程最优的系统思想。要求理顺和优化业务流程，强调流程中每一个环节上的活动尽可能实现最大化增值，尽可能减少无效的或不增值的活动。从整体流程全局最优（而不是局部最优）的目标出发，设计和优化流程中的各项活动，消除本位主义和利益分散主义。

第三，建立扁平化组织。要求先设计流程，而后依流程建立企业组织，尽量消除纯粹的中层领导。这不仅降低了管理费用和成本，更重要的是提高了供应链各层组织的运转效率及其对市场的反应速度。

第四，充分发挥每个人在整个业务流程中的作用。BPR要求权力下放，将决策点定位于业务流程执行的地方，这要求业务处理流程中的人员的素质整体提高并富有团队合作精神，将个人的成功与其所处流程的成功作为一个整体来考虑，构建具有自我学习机制的有机组织。

第五，面向客户和供应商整合企业业务流程。当前时代的竞争不是单一企业与单一企业的竞争，而是一个企业的供应链（由供应商、企业制造车间、分销商、客户等组成的一个关系紧密的供应链）与另一个企业的供应链之间的竞争，这要求企业在实施 BPR 时不仅要考虑企业内部的业务处理流程，还要对客户、企业自身与供应商组成的整个供应链业务流程进行重新设计，并尽量实现企业与外部单点接触，这不仅有利于流程畅通，而且有利于提高内外部客户的满意度。

第六，利用 IT 手段缓解业务分散与管理集中之间的矛盾。在手工管理方式下，由于受到人的管理能力局限性的约束，一般必须采用授权分工管理，而授权分工管理必然会在一定程度上导致决策分散化，影响决策的有效性。因此，在设计和优化供应链的业务流程时，企业要尽可能利用 IT 手段实现信息的一次处理与共享使用机制，将串行工作流程改造为并行工作流程，协调业务分散与管理集中之间的矛盾。

总之，实施新的管理模式可以帮助企业在正确的时间、正确的地点，以最低的成本提供正确数量的合格的原材料、零部件和产品。这是一种共赢的局面——供应商、生产商、销售商、客户等可通过互联网／物联网／EDI 整合成一体，使信息快速、准确地流动，从而使每一方都获得最大效益。企业实施新的经营管理模式后，可以提高企业整体经营决策水平，从而使企业能在激烈的市场竞争中把握机会，脱颖而出。

二、供应链管理实施的执行系统

全球信息网络技术的发展、全球化市场的形成及技术变革的加速，给企业带来了难得的机遇和严峻的挑战，企业面临着不断缩短交货期、提高质量、降低成本和改进服务的压力，所有这些都要求企业应具备对不断变化的市场需求做出科学预测和快速反应的能力。供应链作为"由获取物料并加工成中间件或成品，再将成品送到用户手中的一些企业和部门构成的网络"，包括从订单的发送和获取、原材料的获得、产品制造到产品交付给用户的整个过程，涉及原材料供应商、零部件加工者及标准件供应商、最终产品制造商、产品批发分销商和最终用户，并将他们看成企业经营的合作伙伴。应该用系统工程统筹规划企业的各种物流、信息流、资金流和工作流，减少损失，从而降低整个供应链的成本，以求整体活动的最优化。供应链已成为现代企业进行全球市场竞争的重要战略。

为了改善供应链合作伙伴关系、提高预测的准确性和供应链效率、减少库存、提高消费者满意度，必须有效加强供应链管理过程的监控与协调。

（一）供应链管理的实施方式

供应链管理的实施方式主要有两种：中枢式和平台式。

第一，中枢式的供应链管理实施通常由重点的某个或少数几个企业巨头牵头。这少数的几个企业往往是某行业或某地区的核心企业，是在某些方面具有领导性或垄断性的企业。

供应链管理实施的原始目标或者是解决这几个企业间的协同作业问题，或者是解决核心企业与外围供应商及代理间的协作问题。核心企业通常是供应链管理的投资方，当然也是最大受益方，因为协同作业的模式往往由其主控。外围企业通过参与这种供应链管理也成为受益方，体现在它们与核心企业协同作业带来信息共享、通过参与提升自身的管理水平。

第二，平台式的供应链管理实施通常由某行业协会或行业联盟或某个平台型企业牵头。它采用的模式通常是把平台型企业看作供应链的整合者，由其定义供应链各方的协作模式并组织实施和管理事务。供应链企业是这个平台的使用者，按照服务协议缴纳服务使用费。这种方式的特点包括：①供应链的参与者不具有太强的垄断性；②供应链管理模式由多方参与定义；③平台型企业作为经营者须兼顾多方的利益。

（二）供应链执行管理系统模型

实施供应链协同运行的难度是很大的，因为供应链上的企业都是独立的利益实体，追求商业利益最大化是企业的天性，所以，实现供应链的协同运行需要有机制及组织上的保证。

为了实现供应链协同管理的目标，供应链企业间除了需要有一种长期合作的战略伙伴关系外，还需要建立完整的供应链执行管理系统，包括合作伙伴选择、协调契约、激励机制、风险防范机制、供应链动态信息获取与集成、提供供应链运行状态信息，以便为决策者提供有效信息。这里提出了一个供应链执行管理系统模型，这一模型将战略合作决策层、运作管理层和执行控制层集成起来，使其成为保证供应链管理系统有效运行的支持体系。

1. 战略合作决策层

第一个层次是战略合作决策层，它是指供应链系统中的某个需求方企业在把相关业务委托给供应链中的供给方企业时，为了能更有效地达到资源共享、共同占领市场的目的而选择合作伙伴的决策过程。如果合作伙伴选择不当，就会给将来的供应链系统运行埋下风险隐患。因此，这一层次涉及的是供应链管理的战略性决策，它的决策正确与否将给整个供应链系统带来长期影响。

供应链系统中各个企业通过委托来减少企业间的交易成本，这也是供应链管理思想的主要出发点。在选择供应链合作企业时，为防止在不完全信息的情况下做出决策所带来的风险，需要建立信息共享渠道，尽可能了解合作伙伴的真实状况。但是，供应链企业在运作中会产生各种不同类型的信息，并不一定能够精确地反映出决策者所需要的信息，这就需要对各种信息（有些是模糊信息）进行处理，借助专家系统来支持合作伙伴选择决策。

在进行战略合作决策时，必须考虑供应链管理的战略层、战术层和执行层。供应链管理模式已被人们看作企业的一种发展战略，在进行战略合作伙伴选择时，企业就要考虑到今后运作中的管理问题。现实中的情况往往是选择合作伙伴与下一步的运作管理是脱节的，这是由于合作伙伴的选择和供应链运行管理在职能上分属不同的部门，因此也就难免出现各自为政的现象。

2. 运作管理层

第二个层次是运作管理层。通过第一个层次的工作，企业选定了自己的合作伙伴，确定了合作对象和合作内容，并且通过对双方而言都是最佳的供应契约确定下来彼此的权利和义务。接下来的工作就是日常的运作计划的制订，这里的运作计划是对整个供应链系统而言的。因为供应链系统能否协调运行，在很大程度上取决于是否有一个合理的、指导全局的整体运作计划，尤其是对上游的供应商来说，它能否与需求方企业保持同步制造以降低再制品库存，就要看整个供应链的计划安排是否合理。制订整个供应链系统的生产与销售运作计划，使整个供应链的所有企业能够在一个计划思想指导下安排各自的生产与销售活动。

3. 执行控制层

第三个层次是执行控制层，其主要功能是在供应链系统具体执行供应链运作计划的过程中，及时搜集来自合作伙伴的计划执行信息并进行处理与评价，与绩效指标及供应链稳定运行的指标相比较，以使企业能够随时监督供应链系统的运行状况。一旦出现异常情况，它就会向管理人员发出警示，管理人员就可以采取预先制定的应急措施，防止供应链系统发生波动／风险而给各个企业带来损失，避免出现供应链中断等损失。很多企业都没有对合作伙伴在供应链运行中产生的各种数据进行系统的收集和处理，无法通过这些数据预先估计供应链系统中存在的潜在风险，因而也就不可能事先做好准备，往往是风险真的出现后陷于被动局面。这就要求企业在完成了合作选择的战略性决策和供应链系统运作计划的战术性决策后，还应该花费更大的力气对战略性和战术性决策执行过程进行监控。

第六章　信息化与物流产业的融合发展

第一节　现代物流产业信息化发展的环境

信息技术发展和应用所推动的信息化，给人类经济和社会生活带来了深刻的影响。进入 21 世纪，信息化对经济社会发展的影响愈加深刻，世界经济发展进程加快，信息化、全球化、多极化发展的大趋势十分明显。信息化被称为推动现代经济增长的发动机和现代社会发展的均衡器。"物流信息化既是物流企业自身的革新，也是物流企业向现代物流转变的重要一步。传统物流技术在管理和效益方面已经不适应当今社会的发展要求，革新是时代的选择，也是社会发展的必然趋势。"[①]

一、现代物流与信息技术

随着信息技术的不断发展，物流领域出现了新的变革。现代物流拓宽服务内容，提高服务水平，服务的提供方式也有所变化，信息技术在物流发展中具有重要作用。

现代物流服务已经超出了传统意义上的货物运输、仓储等服务范畴。对于现代物流企业来说，面对经济的发展、需求的变化与技术的进步，尤其是随着信息化进程的不断推进，物流服务的提供方式正在发生着巨大的变化。单纯的运输、仓储业务已经无法构成企业牢固的基础，企业必须一方面提供新的增值服务，扩大业务范围，另一方面要不断推陈出新，为客户提供增值服务，以提高自身竞争力。

（一）现代物流服务提供方式

传统物流服务中的信息系统大都是局限在企业内部或相关企业间的封闭系统，以互联网为基础建立起来的公开、自由的电子商务物流模式，奠定了现代物流服务实现的基础。B2B、B2C、C2C 等一系列服务模式更好地实现了顾客个性化物流服务的需求，提高

---

① 彭宝玲. 新常态下河南省物流产业信息化发展对策研究 [J]. 市场论坛，2017（01）：35.

了企业把握市场实际需求及其变化的敏捷程度。对于顾客而言，购买商品途径的选择范围扩大了，顾客取代了零售企业在供应链中的主导地位。在传统的物流服务过程中，一个产品从生产线出来最后到顾客手中，其流通渠道是有限的，而现代物流服务提供给顾客的是多种商品流通渠道。

现代物流服务提供方式关注的是物流增值服务。有了信息化的基础，为了更好地满足顾客个性化服务的要求，物流企业关注的就必须是整个供应链的合理优化的问题。只有相关企业的协调运作，物流的社会效益才会体现出来。

信息化是物流服务提供方式最重要的一个发展趋势。从传统与现代物流服务提供方式的对比中不难发现，物流产业正在经历着一场伟大的信息化革命。企业要想实现高效的货物流通，解决企业之间与企业内部的信息共享、业务流程合理化，推进电子商务，建立信息管理系统等与提高企业竞争力直接相关的问题，物流服务信息化是其必经之路。尽可能为货主提供货物的实时信息，在相关的企业之间建立即时的共享物流信息的架构，并根据信息的特点优化组织的架构，其结果自然导致以信息化为基础的一站式物流服务提供商的问世。今后，通过互联网等信息技术收集信息变得越来越容易，尤其重要的是能收集海量信息，并且通过将这些信息有机地整合在一起，可以创造出全新的价值。

（二）信息技术对物流发展的作用

物流信息化由低到高可分为四个层次：基础信息化、供应链物流信息化、物流决策信息化、智能物流。信息技术在物流发展中具有重要作用，具体表现在控制和协调物流、缩短物流管道、实现物流系统化管理、协调供应链中的各环节、优化物流绩效、促进物流变革等方面。

1.信息技术

信息技术泛指所有能拓展人的信息处理能力的技术。从应用来说，信息技术主要包括传感技术、计算机技术、通信技术、控制技术等，它替代或辅助人们完成了对信息的检测、识别、变换、存储、传递、计算、提取、控制和利用。

传感技术扩展了人的感官能力，主要完成对信息的识别、收集等；计算机技术以高速的计算能力及"海量"的存储能力扩展了人的大脑能力，包括计算、记忆能力，完成信息的加工、存储、检索、分析等；通信技术则扩展了人的神经系统能力，实现信息的传递；控制技术扩展了人大脑的控制、指挥能力，提高了信息处理的能力。

2.物流信息化的层次

企业信息化是企业在生产、经营、管理、研究开发、市场销售等方面应用信息技术，建设应用系统和网络，是信息技术从一般业务应用向业务核心渗透的过程，是传统管理向现代管理转变的过程，是企业在基础设施、技术应用、结构调整、资源拓展、管理制度等方面向信息化转变的过程，是通过对信息和知识资源的有效开发利用，服务企业发展目标，提高企业竞争力的过程。企业信息化的目标包含三方面的内容：①通过应用信息技术，提高产品设计和生产过程的自动化程度；②通过建立信息系统，优化企业决策，提高企业管理水平；③应用信息技术开发和利用企业信息资源，提高企业竞争力。

物流信息化是企业信息化的重要内容之一。根据企业信息化定义，物流信息化即指物流企业运用物流信息技术，对物流过程中产生的信息进行集成和管理，通过分析、控制物流信息和信息流，指挥、控制、协调、实现物流、商流和资金流的有效流动，提高物流企业运作的自动化程度和物流决策的水平，达到合理配置物流资源、降低物流成本、提高物流服务水平、提高物流企业核心竞争力的目的。

物流信息化由低到高可分为四个层次：基础信息化、供应链物流信息化、物流决策信息化、智能物流。

（1）基础信息化。基础信息化是以内部资源整合为目的的信息采集和交换，其主要的目标是通畅、低成本、标准化。物流的基础信息化是用信息技术解决企业内部信息采集、传输、共享的标准和成本等问题，使信息成为控制、决策的依据和基础。物流信息技术基础的应用是确保物流运作过程中信息流的速度和质量，为决策提供及时、准确的信息。信息质量的缺陷会造成无数个作业上的问题。

例如，订单处理系统输出正确的订单信息，卫星定位系统即时采集车辆运作过程的信息，以 RFID 技术、条码技术为支持的库存管理系统提供准确的产品出入库与库存信息，POD 系统提供货物签收信息，电子数据交换技术将协作伙伴的信息直接传递等，这些信息系统确立了物流信息化的基础，即准确、及时地进行信息采集和传递。基础信息化的第一步是要解决各业务流程的信息化问题，目标是建立决策依据信息、数据的机制，使业务系统和信息系统统一，即通过信息系统来管理物流业务数据，解决信息的采集问题；基础信息化的第二步是用信息系统控制物流活动。

（2）供应链物流信息化。供应链物流信息化通过与客户的信息系统对接，形成以供应链为基础的、高效、快捷、便利的信息平台，使信息化成为提高整个供应链效率和竞争能力的关键工具。要提高整个供应链物流的效率和竞争力，必须通过对上下游企业的信息反馈服务来提高供应链的协调性和整体效益，物流信息系统不仅是供应链的血液循环系统，也是其中枢神经系统。

供应链物流信息化的主要任务是利用网络技术，实现物流信息系统与客户信息系统的对接，建成供应链企业间共享的信息平台，为企业之间的信息快速传递和信息共享创造畅通的渠道。供应链物流信息化要实现三项功能：①与客户的信息系统对接，实现供应链物流协作和运作；②电子商务平台，消费者、客户企业、物流资源所有者（如海关、运输和仓储企业、国外物流商）与物流企业通过这个平台进行交易和协调；③基于互联网的信息发布和在线查询系统，为客户提供可视化、"一站式"信息服务。

为满足客户供应链运作的需求，一个物流企业有时是无法提供所需要的全部物流资源的，物流企业也需要按供应链管理的方法，联合多个具有不同物流功能、不同物流资源的其他物流企业，形成物流供应链。

（3）物流决策信息化。物流决策信息化是指以优化决策为目的的信息加工、挖掘，将信息变为知识，提供决策依据。做好物流决策的优化，能够大大提高物流管理的效率。无论是流程的改造还是日常操作的优化都会带来看得见的效益。物流决策信息化的主要手段是建立决策支持系统。这一层次信息系统的作用表现在以下两方面。

第一，开发、整合和固化新的流程或新的管理制度，如使用数据挖掘、人工智能功能进行物流体系的设计和评估，优化物流网络和流程等。流程的优化会涉及整个流程的再造，需要用数据来分析，所以要有前两层次信息化的基础。一般来说，流程的改造必然会涉及企业组织结构和制度的变革，难度比较大，需要一个个环节分步实施，逐步完善。要解决订单、补货、预测、计划等一系列流程的设计，并体现系统整合优化的要求，分步进行，解决好物流信息系统中数据管理的集中与分散的矛盾，最终达到降低库存总量、提高服务水平的目标。

第二，在规定的流程中提供优化的操作方案，主要是预测和计划。如每天都有的仓储存取的优化方案、运输路径的优化方案等。高效的物流是计划的结果。绝大多数物流运作过程都是为了满足企业未来的业务需求，如现在的原材料出仓可能为了2小时后生产的需求；晚上的配送是为了第二天的店面销售。此时信息系统的作用主要在于通过预测和计划来优化操作。基于信息系统的控制概念实现了利用信息来主动控制物流运作的目的。

（4）智能物流。随着物流管理的自动化、智能化水平和供应链企业之间物流协作的紧密性的进一步提高，物流信息化的第四层次进入了智能物流（ILC）阶段。智能物流是物流管理的高度自动化和决策的智能化，是物流信息化的一种高层次应用。

ILC是建立在三个基石之上的：连接、透明、计划。连接是指实现各个公司信息系统中信息的电子交换。透明是指准确的信息交换和提供。计划是指使用信息的计划与协作过程。供应链中的协作包括协作需求计划、同步生产计划、协同产品开发、协作性物流计划包括运输服务和配送服务。

智能物流综合运用数据挖掘、人工智能、决策理论、知识管理及其他相关技术和方法，对物流系统的数据进行分析处理，为物流系统运行控制、日常决策和战略决策提供有效支持，使物流系统具有学习、推理判断、自动解决物流经营问题的智能化特征，能高效、安全地处理复杂问题，为客户提供方便、快捷的服务。物流智能化是知识经济和信息技术发展的必然结果。

物流信息化的四个层次是由浅入深的，后一阶段往往以前一阶段的基础为起点，即供应链物流信息化要以物流基础信息为起点，而流程改造和过程的决策优化控制以各企业流程设计和运行优化为基础；物流自动化和信息化发展到一定阶段必然走向智能物流。因此，物流信息化必须进行统筹规划，循序渐进，分层建设。

3. 物流信息化的作用

（1）控制和协调物流。物流和信息流是流通的组成部分，二者关系密切。在现代物流中，物流主要是信息沟通的过程，物流的效率依赖于信息沟通的效率，信息流不仅反映物流，更主要的作用是控制、协调物流资源，物品，资金流动的时间、方向、大小及速度。物流企业可以通过信息，为客户提供信息服务，而准确、及时的信息和畅通的信息流从根本上保证了物流的高质量与高效率。因此在物流中，物流信息系统起着神经系统的作用。

物流信息系统的使用，有效地为物流企业解决了单点管理和网络化业务之间的矛盾、成本和客户服务质量之间的矛盾、在有限的静态资源和动态市场之间的矛盾、现在和未来预测之间的矛盾。它通过直接切入物流企业的业务流程，实现对物流企业各生产要素（车、仓等）进行合理组合与高效利用，降低经营成本，直接产生明显的经营效益。它有效地把各种零散数据变为商业智慧，赋予了物流企业新型的生产要素－信息，大大提高了物流企业的业务预测和管理能力、通道"点、线、面"的立体式综合管理，实现了物流企业内部一体化和外部供应链的统一管理，有效地利用了物流资源。

（2）缩短物流管道。物流管道缩短是指物流周转时间和存货的减少。一般来讲，物流备货时间大于顾客订单周期，要克服备货时间差距的唯一办法就是保持存货。存货量一般根据预测确定，预测误差会导致存货的过剩或不足。为缩短管道长度，必须尽可能地减少或消除存货，同时使物流备货时间与订单周期一致。物流信息化一方面可以提高物流作业的速度，优化物流流程，减少物流备货时间；另一方面还可以提高物流信息传递速度，延长订单周期。物流管道缩短的直接结果是提高物流系统的快速反应能力。各种物流信息技术都极大地提高了物流业务处理的速度，物流信息系统的中枢神经作用可以提高物流系统对外界的响应灵敏度。

（3）实现物流系统化管理。现代物流的核心理念在于系统化，主要是通过整合各种物流功能和物流资源来实现系统化管理。传统物流中，各活动往往相互脱节，物流系统整体运行效率不高。在物流信息化之前，即使从观念上考虑了系统整体优化，但由于信息管理手段落后，信息传递速度慢、准确性差，而且缺乏共享性，使得各功能之间的衔接不协调或相互脱节。信息化建设使物流信息不再局限于某一物流环节上，各个物流子系统信息共享联系在一起，利用信息系统将包装、搬运、储存、运输、配送、流通加工、物流服务等物流功能进行有机整合，保证物流过程的顺畅。

物流信息化不仅对物流活动进行整合，还对物流信息资源、物流设施和服务资源进行整合。在物流信息资源的整合方面，主要是对各物流功能环节的信息共享和处理，使整个系统内的信息资源都能在信息系统中完整、全面地反映出来，并且通过优化处理实时生成物流各环节或功能所需要的信息，实现系统内的信息资源优化配置。在物流设施和服务资源整合方面，信息化改变了以往主要通过物流设施的投资来提高物流管理水平和运作效率的单一方式，通过信息技术可以把不同种类、不同位置、不同企业、不同国家／地区的物流资源（包括服务资源）整合到一起，提高整体的资源利用率。例如，虚拟物流的出现就是物流资源整合的典型应用。

（4）协调供应链中的各环节。随着供应链管理的应用，物流服务范围不断扩大。由于经济全球化趋势导致供应链的延长，企业不得不把供应链物流整合起来管理，以连接市场的供需双方。供应链物流系统是由许多不同的组织构成的，系统中某一部分的决策都会影响整个系统的运作。物流信息系统把这些组织联系成为合作者，提高物流的透明度，使供应链物流上的各节点成员能实现信息的实时共享，增加协调管道和取得最佳流动的能力。

供应链的基础是建立互利的利益机制，但是这种机制需要一定的技术方案来保证，信息系统在这里的主要作用是实现这种互利机制的手段。由于物流过程透明度的提高，供应链的所有参与者都能够根据充分的信息来进行合理分工，并从供应链系统综合和总成本控制最优的角度出发进行协同决策和管理。此外，可视化的信息技术则使物流信息更形象和全面，能够提高物流各方对物流信息的透视能力，更直观地理解物流信息的经济意义，从全局了解物流运作状况，从而作出更好的决策。

（5）优化物流绩效。信息系统在物流中的重要性不仅仅体现在信息技术可以解决当前企业物流体系中的问题，更重要的是运用信息系统可以设计并实施新的物流解决方案，降低物流成本，提高物流质量和服务水平，从而大幅度地改善物流绩效。

物流信息化在一定程度上解决了行业间信息互通、企业间信息沟通及企业与客户间交流的问题，实现对客户的个性化服务，从根本上提升物流服务水平。物流信息系统对市场信息的获取、跟踪能力使物流企业提供的服务更符合客服需求；通过网络为客户及时提供可视化服务来查询物流状态和回答业务咨询，方便了客户对物流过程的及时掌握，这对变化极快的现代经济活动是极为重要的，从而更好地支持了客户的业务活动；物流信息化使物流系统具有作业流程的快速重组能力，极大提高了物流服务的敏捷性和灵活性；物流信息化带来的高质量、快速响应服务更值得客户信赖，让客户能集中精力从事自己的业务并优化运作流程，从而提高其经营效益，增加客户价值。

（6）促进物流变革。信息化将改变现有社会经济的消费系统和生产系统，从而改变人类生存的秩序。物流是国民经济的服务性系统，社会经济秩序的变革必将要求现有的物流系统结构、秩序随之变革。物流信息化既是这种变革的动力，也是这种变革的实质内容。传统物流企业或部门以信息化为契机，把信息系统实施与流程改造、物流网络重组、管理体制改革紧密地结合起来，从而实现组织形式、管理方式、运作流程上的变革，转变为适应信息时代市场经济运行模式的现代物流企业。

物流信息化对物流的变革作用是不断发展的。计算机在物流过程中的系统数据处理应用促进了原本分散的物流各功能的整合；物流信息网络的发展促进了供应链物流的发展，物流竞争不再停留在单一的环节上，而是把整个物流过程的管理效率和管理水平的提高作为竞争的主要焦点，从原来的关注物流设施水平转向到信息管理能力的提高和信息技术利用水平的提高上。

二、现代物流信息化框架

（一）物流业务体系

物流业务体系以运输、仓储、配送、信息、包装、流通加工和装卸搬运七项业务为核心内容，以保证各项物流业务运行的所有相关因素为支撑，在它们的有机结合下完成高效、低耗的物流活动。随着新技术在物流领域的应用，特别是在物联网技术的应用，在传统的物流业务体系基础上已逐步发展形成智能化物流业务体系。

1. 传统物流业务体系

传统物流业务体系由物流业务层次和支撑条件两部分构成。根据各项物流业务在整个物流活动中的重要程度及作用可将物流业务划分为四个层次：核心业务层、辅助业务层、增值业务层和应用业务层。其中，核心业务层由物流活动中最关键的业务构成，包括运输、仓储、配送和信息四项业务；辅助业务层为核心业务层中的物流业务提供辅助支持，保证核心业务的运行；增值业务层是在完成核心业务与辅助业务的基础之上延伸的物流增值服务业务；应用业务层是物流业务的目标实现层面，它需要辅助业务层、核心业务层和增值业务层的共同支持。物流业务体系中的支撑条件是为各层物流业务的正常运作提供保证，包括内部支撑和外部支撑两部分。

（1）核心业务层。早在物流的产生阶段就形成了运输、仓储、配送业务，它们是物流最基本也是最重要的业务。而物流信息是连接物流各个环节业务活动的链条，也是开展、完成物流业务的重要手段。物流业务体系中的核心业务层包括运输、仓储、配送和信息业务，其他业务层都是为核心业务层服务或围绕核心业务层展开的。

（2）辅助业务层。辅助业务层位于核心业务层之下，为各项核心业务提供辅助支持。这些辅助业务就整个物流业务体系而言是不可或缺的，它们同样存在于每一次细微的物流活动中。物流的辅助业务包括包装、流通加工和装卸搬运业务。

（3）增值业务层。物流增值业务是指在完成物流核心业务和辅助业务的基础上，根据客户需求提供的各种延伸业务活动，它使物流服务的供需双方能够通过共同努力提高效率和效益。根据物流增值业务的含义及功能，可将其分为信息型增值服务、仓储型增值服务、货运代理型增值服务、承运人型增值服务、第三方物流增值服务和第四方物流增值服务。

（4）应用业务层。应用业务层的作用是有机综合辅助业务层、核心业务层和增值业务层中的各项物流业务，利用专用设施、设备实现物流业务的应用价值。可基于物流服务对象、货物性质、运输方式、服务功能和服务范围对应用业务层进行分类。

（5）内部支撑。物流业务的内部支撑条件由物流企业及物流行业控制、管理，主要包括物流设施、物流装备、物流技术、供应链管理和物流标准化。

（6）外部支撑。物流的每一次变革及发展方向都是由其活动的客观环境和条件发生变化所引起的。在物流业务体系中，可把客观环境和条件归纳为外部支撑条件，它们为物流的正常运行提供一定的社会环境，相关的技术条件也能在一定程度上促进物流业务的发展，包括物流法规、电子商务、现代金融、信用和安全。

2. 智能化物流业务体系

传统的物流业务体系所涉及的物品的信息采集和交互能力有限，无法实现对物流过程的实时监测与控制。随着新技术尤其是信息技术在物流领域的应用，特别是在物联网环境和支撑环境的共同作用下，各项物流业务的智能化水平显著提高，增值业务的服务范围进一步得以拓展。物联网是利用感知手段将物的属性转化为信息，在相关标准规范的约束下通过传输介质进行物与物之间的信息交互，进而实现物与物之间的控制与管理的一种网络，其工作原理包括信息的感知、信息的传输处理和信息的应用。

（1）物联网环境。物联网技术的应用是物流业务体系再造的动力，物联网环境下的物流感知、网络传输和物流应用为提高物流的整体服务水平创造了基础条件。

第一，物流感知。物流感知是指通过物联网相关技术对物流基础信息进行采集与感知，主要包括货物标识和货物感知两个环节。可利用 EPC 编码技术为货物建立一个全球唯一的标识，在此基础之上进行货物感知，感知的主要内容包括货物的基本属性、状态、位置和附属信息等，物联网技术的应用可提高物流感知的灵敏度、深度和广度。

第二，网络传输。网络传输是指通过相关技术和媒介，将感知到的基本物流信息进行初步处理与传输。网络传输的主要内容包括物流信息处理和物流信息传递。通过相关技术将物流感知过程中采集终端的信息进行集中，并接入物联网的传输体系，再利用处理工具对基本物流信息进行选择、纠正，以及进行不同信息形式间的转化，最后通过传输网络将经过处理的物流信息传递到物流应用层上。

第三，物流应用。物流应用采用云计算、数据仓库等技术对基本物流信息进行大规模的存储与计算，实现与各项物流业务的对接。物流应用主要包括物流信息的汇集、控制和展示，即首先对信息进行集中整合与有效处理，其次通过信息集成化的管理与控制完成对物流状态的实时监控，最终将有效信息展示给用户，为物联网环境下物流业务的智能控制提供服务。

（2）核心业务层。在智能化物流业务体系中，核心业务包括智能运输、自动仓储、动态配送和信息控制四项业务。

第一，智能运输。智能运输可通过物联网感知到的货物信息、交通道路信息、物流设备信息等为优化运输方案提供决策依据，安全、高效地完成物流运输。利用物联网技术可在运输过程中实现实时运输路线追踪、货物在途状态控制和自动缴费等功能，极大地提高了货物运输的安全性和智能性。

第二，自动仓储。通过物联网提供的车辆预计到达时间和货物信息，可制定仓库存货战略。在物联网环境下，仓储业务中的货物验收、入库、定期盘点和出库等环节可实现自动化，并在提供货物保管服务的同时监控货物状态。

第三，动态配送。动态配送是指利用物联网技术及时获得交通条件、价格因素、用户数量及分布和用户需求等因素的变化情况，对以上因素予以充分考虑，优化制订动态的配送方案，在提高配送效率的同时提高服务品质。

第四，信息控制。物联网对物流信息的全面感知、安全传输和智能控制可实现物流信息管理到物流信息控制的飞跃。物联网可利用其技术优势通过系统集成实现物对物的控制，信息控制的应用可进一步提高整个物流的反应速度和准确度。

（3）辅助业务层。在智能化物流业务体系中，辅助业务层包括智能包装、流通加工和自动装卸搬运三项业务。

第一，智能包装业务。智能包装的对象是可被感知的货物，智能包装系统可根据货物的静态属性、动态属性、客户要求及包装成本等因素自动选择包装容器、包装材料和包装技术。在减少人工投入的同时，可以避免工作人员因判断失误所造成的损失，为货物提供最适合的包装。

第二，流通加工业务。通过物联网可及时、全面地了解用户需求，加强流通过程对产品的再加工，实现有效利用资源、方便用户、提高物流效率和促进销售等目标。

第三，自动装卸搬运业务。自动装卸搬运利用先进的装卸搬运设备，与智能运输、自动仓储、智能包装等业务环节相衔接，可缩短物品的流通时间。

（4）增值业务层。在物流领域中利用物联网相关高新技术可获得准确、全面、及时的物流信息，这些信息使物流辅助业务与核心业务更加智能化和自动化。对这些信息进行深层挖掘与分析，可拓展物流增值业务的范围并提升增值业务的服务水平。

第一，供应链协同管理。通过物联网信息平台，可对供应链中各个环节进行监控，从企业的订单处理过程到生产过程，再经配送过程、代理过程、销售商库存过程，最后到销售过程都进行实时、精确、全面的信息跟踪，从而挖掘出有效信息，实现对供应链的协同管理。

第二，物流系统优化。物流系统优化是降低供应链运营总体成本最有效的手段。物联网信息平台可有效解决物流系统优化中数据采集、数据集成、大型计算平台和过程支持优化四大问题。

第三，物流状态实时查询。物联网技术可提供准确、及时、详细的物流信息，如可通过货物编码随时查询货物的位置、温度、湿度、压力等详细信息。物流状态实时查询服务方便了物流活动参与方随时查询各项物流业务的状态，促进物流管理的可视化与透明化。

第四，物流过程控制。通过对物流状态的实时查询和物流过程的可视化管理，在对物流过程进行实时跟踪与监控的基础上，可通过物联网信息平台操纵物流设备、设施，以实现对物流过程的动态控制。

第五，智能结算。物联网环境下的货物标签中存储着丰富的货物信息，通过在计价系统中识别和处理这些信息，可实现智能结算，并提高结算速度和结算准确性。智能结算适用于物流企业内部各业务环节的交接结算和供应链参与方之间的结算，以提高整个供应链的运转效率。

第六，自动支付。自动支付是在智能结算的基础上进行的，物流企业内部及供应链各参与方在智能结算后，相关费用可自动在与计价系统绑定的银行账户上直接扣除。智能结算和自动支付简化了资金交易的过程，同时提高了资金交易的准确性。

（5）支撑环境改善。保障各层物流业务顺利进行的支撑环境包括内部支撑条件和外部支撑条件，这些支撑条件对物流业务进行支持，为物联网在物流中的应用提供了实施条件与基础，从而提高了各项物流业务的智能化水平。

第一，内部支撑。内部支撑包括设施、装备、技术、管理和标准。在基于物联网的物流业务体系中，内部支撑因素的改善包括：①物流基础设施通过应用物联网技术，使仓库、公路、铁路、港口等可以实时与物品进行信息交互，为物流感知提供基础性服务；②物流装备中传感设备，尤其是现有物流信息采集与传输设备与物联网技术的衔接，具体包括物品标签、读写器、传感器、服务器、网络设备和终端设备等；③物联网技术的应用将促进物流系统规划技术、现代物流管理技术、物流系统评价技术和物流信息化技术等物流技术进一步发展；④依靠物联网的网络特性和个性化的配套软件系统，可实现对物品流通过程中各个市场要素的全方位监控，提供满足整个供应链资源优化配置的信息服务，优化供应链管理；⑤标准包括物联网自身的标准体系构建和物联网标准与物流标准的融合，以便在企业级、行业级、区域级和国际级物联网环境下实现不同物流系统的对接服务。

第二，外部支撑。外部支撑包括法规、金融、电子商务、信用和安全。在基于物联网的物流业务体系中，外部支撑因素的改善包括：①除完善物流法规之外，还应建立相应的物联网法规，为物联网技术在物流领域的应用提供良好的法律制度环境；②电子商务和现代金融都将借助物联网对物的感知与控制提升物流业务的服务水平、拓展增值服务范围；③物联网环境对信用和安全提出了更高的要求。因此，在深化安全技术研究的同时，必须加强人的安全意识和信用教育，创造安全、信用的物联网环境，保证物流业务体系再造的顺利进行。

（二）物流信息一体化战略

所谓物流一体化，就是利用物流管理，以物流系统为核心，使产品在生产企业、物流企业、销售企业，直至消费者这一供应链背景下的物流通道中有效地迅速移动，使参与各方的企业都能从中获益，使整个社会获得明显的经济效益的供应链的整合化和系统化。

物流一体化的发展可进一步分为三个层次：物流自身一体化、微观物流一体化和宏观物流一体化。物流自身一体化是指物流系统的观念逐渐确立，运输、仓储和其他物流要素趋向完备，子系统协调运作，系统化发展。微观物流一体化是指市场主体企业将物流提高到以企业战略作为纽带的企业联盟。宏观物流一体化是指物流业发展到这样的水平：物流业占到国家国民总产值的一定比例，处于社会经济生活的主导地位，它使跨国公司从内部职能专业化和国际分工程度的提高中获得规模经济效益。

企业的一体化经营战略一般包括横向一体化战略和纵向一体化战略。横向一体化战略是指与同行业竞争企业进行联合。纵向一体化战略要求企业结合产品的材料供应、生产和销售等上下游环节发展不同深度的业务，包括前向一体化和后向一体化。它不同于"大而全"和"小而全"的模式，而是以虚拟企业联盟的实现形式和供应链、价值链理论为基础的战略性资源的柔性整合。

1. 横向一体化战略

物流的横向一体化战略的理论来源是波特的价值链理论。价值链管理的核心就是价值增值，而价值增值的前提应该是掌握关键的价值活动。价值增值首先是顾客的价值增值，而要达到这一目的，仅仅依靠一个企业所拥有的资源是远远不够的，因为顾客的需求不断变化，市场竞争日益激烈，原来那种推行"大而全""小而全"的战略模式，依靠对原材料供应、产品制造和销售全过程的控制，达到作业活动创造价值目的的企业，已无法快速响应市场的瞬息变化。

（1）横向一体化战略的基本内涵——整合物流功能。横向一体化就是利用信息技术，对各分离的垂直物流通道进行整合、集成和优化，整合各个独立的物流通道，形成一个或多个物流节点和网状物流线路，经过功能整合和线路优化，选择更优质、更安全、更快捷的综合物流系统。

"横向一体化"的贯彻首先是传统价值链的解构。我们要把连在一个链条上供、产、销的一个个链环拆解下来，从中选择那些处于竞争优势的环节加以保留，再把分离出来的链环交给最佳的合作伙伴，与其形成一种战略联盟。原始价值链经过这样的解构，然后维系散落在不同企业的链环，使之成为利益共同体的是与核心企业协作对关键资源的控制，使得原来拥有整个链条的企业可能只会保留其中某个或某几个链环；或者每一个链环都会成为一个单独的企业，遵循自身的经济规律。过去那种视竞争者为敌人，一定要置之死地的做法已不再奏效，所有参与市场竞争的企业如同处于生态系统中食物链条上的生物种群，既相互竞争又相互依赖，在竖起警惕的耳朵的同时，实现双赢甚至共赢。

（2）横向一体化的实施方略。当产品生产周期越来越短，全球范围以时间为基准的竞争越来越突出之时，如何更快、更好地完成从现有企业生产方式向大规模定制的转变，从以利润为中心向以客户为中心转变，已成为向顾客提供优质服务的必由之路。世界 500 强企业都拥有一流物流能力，通过向顾客提供优质服务而获得竞争优势。向国际化迈进的中国企业，在考虑如何提高企业面对客户的能力时，必须将物流转变为战略资源，对物流进行全方位重组。

为此，必须制定详细的物流重组中长期实施计划、发展策略，从物流业务流程、组织机构、企业资源管理等方面去进行物流重组，逐步实现企业物流向供应链管理的"横向一体化"。要实现"横向一体化"，必须实现管理功能向管理过程、管理产品向管理客户、管理存货向管理信息、买卖关系向伙伴关系的转变；还要通过物流实时要求供应链上的要素同步，做到采购、运输、库存、生产、销售及供应商、用户的营销系统一体化，追求物料通过每个配送渠道的整个流动的最高效率，以杜绝生产与流通过程的各种浪费；通过快速响应预测未来需求，重组自己的业务活动以减少时间和成本；通过有效客户响应消除系统中不必要的成本和费用，降低供应链各个环节如生产、库存、运输等方面的成本，为最终给客户带来更大的效益而进行密切合作。

2. 纵向一体化战略

效益最大化是指在保证物流质量的前提下，实现经济效益的最大化。目前，整个物流产业存在财力分散、浪费严重、重投入轻产出等效益低下的现象，影响了物流水平的提高。因此，努力提高物流效益，成为我国物流产业发展的必然选择。现代物流的核心和本质便是信息化基础上的整合和优化，实现运输、储存、配送等环节的整体最优，做到总体物流能力最大，成本最低，效率最高。

（1）纵向一体化战略的基本内涵——协调供应链的运作。纵向一体化，就是将垂直的物流通道的要素进行整合。由于从采购、储存、运输到销售是一条单向的串行物流通道，因此这样的系统的稳定性和灵活性都不是很好，同时其效率也不高。然而，随着综合化、小型化、模块化的"物流模块功能"出现，物流体系结构必然向扁平状网络化发展。通过先进的物流技术，可以在横向一体化的基础上，加强纵向整合，优化物流网络层次，减少中间环节，降低整条供应链的库存量，实现"零库存"的发展目标与扁平状网络化的物流体系。

（2）纵向一体化的实施方略。纵向供应链与物流一体化的建设，是以供应链的核心企业为中心，实现供应链上下游企业商流、信息流和物流的一体化运作，从而提高供应链整体效率。这是物流业发展的成熟阶段：物流产业高度发达、物流系统完善、物流产业成为社会生产链条的领导者和协调者、能够为社会提供全方位的物流服务。

（三）物流信息化建设与发展框架

物流信息化建设则是现代物流企业有效经营运行、降低物流成本、提升服务质量的有力助推器。物流信息化的建设和发展是多方面的、有层次的。首先，信息采集、识别、传输、存储等技术作为物流信息化发展的基础，再通过系统分析、系统设计等建设方法构建各个物流信息系统，最后通过集成技术进行系统集成，形成公共平台，同时，物流信息化标准体系和信息化实施作为物流信息化建设和发展的重要支撑和保障。

第二节　信息化与物流产业的融合机理

在全球掀起产业变革浪潮的过程中，作为一种新的产业创新方式，产业融合是社会产业结构高度化和生产力进步的必然趋势。而作为国民经济重要部分的物流服务业，有其自身的产业特性与发展本质特性。"信息化与物流产业融合是指现代信息技术与物流产业相互作用、互融共生、共同发展，侧重于在前沿的信息化理论指导下，利用信息技术对整个物流过程包括规划、实施、评价过程产生的全部或部分信息进行采集、分类、传递、汇总、识别、跟踪、查询等处理活动，以实现对货物、资金、信息的控制，最终降低成本、提高效益。"[①]信息化与物流产业融合现象背后蕴含的原理值得深入研究，可从激励、动力、过程三个方面展开。

一、信息化与物流产业融合的激励机理

（一）信息与物流信息技术

在工业经济时代演进至新经济时代过程中，技术经济范式的变革是其显著的特征与动力，技术的变革改变了经济领域的观念、原理、规则和习惯等。20世纪50年代电子技术、计算机技术的发展促进了信息技术的变革，70年代出现的信息处理技术、通信技术等高新技术推动了信息技术的扩散，并渗透于传统产业，催生了一批融合型的新产业。随后，互联网技术、光传输技术的出现与传播应用，进一步延续并深化了信息技术对整个社会经济的影响。以信息技术为代表的信息化影响到了不同社会主体的行为。如越来越多的不同类型企业通过信息技术、互联网技术进行公司在各个环节的运营与管理；而顾客则基于互联网技术，通过如网上拍卖平台等不同多种消费方式来满足自己的需求；政府也逐渐利用互联网、信息技术实现电子政务化办公，等等。这些都揭示了作

[①]　郑海燕．信阳市信息化与物流产业融合现状及趋势分析［J］．信阳农林学院学报，2015，25（04）：46．

为一场新技术经济范式的革新，信息技术变革对产业经济系统的发展与变革造成了深远的影响。

现代物流是涉及社会经济生活各个方面的社会大系统，是一个错综复杂的系统工程，要使这样一个涉及广泛的物流体系产生协同效应，快速、高效和经济地运行，没有物流信息这一"润滑剂"是根本无法做到的。毫不夸张地说，现代物流信息系统在物流活动中起着中枢神经系统的作用。物流信息系统已经成为企业物流成功运作的重要支柱，是决定企业物流运作水平以及物流活动的效率和效果的关键要素。

为了满足现代物流的要求，物流信息技术应运而生。在这些信息技术的支撑下，集成多种业务于一体的现代物流信息系统形成了。

1. 基础技术

在物流信息技术中，计算机技术主要是指计算机的操作技术；数据库技术主要用于物流信息的存储、查询、提高信息支持和辅助决策；在物流管理中，网络技术为物流供应链提供技术实现手段，实现信息在企业之间的交互与共享。

2. 信息采集技术

条形码技术又称条码技术，是一种自动识别技术，是物流信息管理工作的基础，被广泛应用于物流的数据采集。射频识别系统（RFID）是一种非接触式的自动识别技术，适用于要求非接触式数据采集和交换的场合。

3. 信息交换技术

电子数据交换技术（EDI）的基础是信息，这些信息可以由人工输入计算机，也可以通过扫描条码获取。物流技术中的条码包含了物流过程所需的多种信息，与 EDI 技术相结合，可保证物流信息的及时可得性。

4. 地理分析与动态跟踪技术

地理信息系统（GIS）是一种为地理研究和地理决策服务的计算机技术系统。结合其他的软件，GIS 可以建立车辆路线模型、网络物流模型、设施定位模型等，辅助进行物流决策。全球卫星定位系统（GPS）在物流领域主要应用于汽车自定位及跟踪调度、铁路车辆运输管理、船舶跟踪及最佳航线的确定、空中运输管理和军事物流配送等。

5. 企业资源信息技术

ERP 是一整套企业管理系统体系标准，一般被定义为基于计算机的企业资源信息系统，其包含的功能除内部资源利用，如制造、供销、财务、工厂管理、质量管理、设备维修管理、仓库管理、运输管理、过程控制接口、数据采集接口、电子通信（EDI，电子邮件）、法律法规标准、项目管理、金融投资管理、市场信息管理、人力资源管理等外，还能衔接企业的客户、供应商、分销商等外部资源。

信息技术的变革与普及应用对物流企业和物流产业的发展产生了深远的影响，如提供了良好的运作平台、改变了物流的传输方式、提高了信息的采集效率、改革了传统的物流理念、改变了物流的运作方式、改变了传统的企业文化。进入 21 世纪，我国物流信息化的建设稳步前进：四大骨干网络的覆盖范围包括全国地市以上的城市并连通世界主要国际网络；EDI、GPS、GIS、射频（RF）等围绕物流信息交流、管理和控制的技术得到广泛应用；功能强大的物流软件逐渐被开发，进而加速了现代物流企业的形成与发展。

由于物流信息化的发展，物流产业本身的复合性、动态性和模糊性等特性更为显著，如在物流管理和政策、各种物流服务方式间、物流业与服务对象等不同层次上的融合。随着经济及社会发展环境的变化，以及消费者需求方式和结构的改变，在物流产业的运作领域，因为 EDI、RFID 等物流信息技术的广泛应用，有可能通过战略联盟等模式为用户提供高效便捷的多元物流服务，供需双方的共同利益促使物流产业走向融合。信息化发展的过程，特别是以网络为中心的时期，正是产业融合从萌芽状态、从个别产业的现象开始大规模、大面积扩展的时期。这是信息化发展的必然趋势，它表明了产业融合与信息化的发展密不可分，正是信息化的发展，为广泛的产业融合创造了根本的物质技术条件。

（二）模块化分工

20 世纪 90 年代，模块化的概念在信息技术助推下被引至企业的生产和管理。模块化分工是以功能划分为标准的，可以超越前后关系，把完成同一功能系列工序结合起来构成"功能模块"，形成子模块之间平行式的立体网络状关系。模块化是与分工经济相联系的经济现象，是经济系统演进的结构性表现。

在模块化时代，产业创新的速度越来越快，具有创新的主体更加多元、产业创新独立性与协同性并存、产业创新更加深入的特点，基于模块化分工的产业创新体现在技术、产品、组织、制度等方面。基于模块化分工的产业机构在形式上表现为对产品价值的解构。把原来的价值整体解构为若干相对独立的价值单元，其实质在于提高产业自身的灵活性和适应性，推进产业的创新和升级。

在模块化条件下，产业创新按产业内部、产业之间的路径进行。首先，从产业内部来讲，较之传统分工模式，模块化方法实现产业内部的技术和产品创新速度更快，内容更丰富。由于每一个模块都是独立的功能模块，模块内部的创新如技术升级、性能改良等，都意味着组成产品的"基因"发生了改变。

模块化的操作包括分离、代替、去除、增加、归纳、改变六种基本方法，由于模块化具有"即插即用"的特点，不同的组合方式将产生不同产品，从而使模块化创新的速度大大加快。从产业之间来说，由于模块化分工具有"松散的耦合"的特性，模块的兼容性和通用性导致不同产业之间的合作，产生了大量新技术、新产品。随着产业融合的加剧，新产业被创造出来。

面对社会经济发展、物流需求层次的不断提升，一些物流企业通过不同战略转型方式，如战略联盟、并购、成立子公司等从事物流方面的活动。这些物流组织主体，秉承物流服务整体优化理念，且具备物流资源的整合能力，除了提供专业化服务外，也能提供综合性的、集成化的物流服务。它们通过先进的通信技术和物流技术，整合不同模块而创新产生出融合型物流服务，即与物流相关的不同产业属性或物流功能重新整合而成的新型物流服务。在这一过程中，物流信息技术的革新与渗透，通过降低不同模块即独立物流功能系统或专业化物流服务整合的成本，从而加快了物流服务创新的速度。

二、信息化与物流产业融合的动力机理

（一）市场需求的推动

市场上某种商品或劳务的供需双方的共同利益是推动融合的基本动力。胡思继认为有些商品或劳务需求属于派生性需求或引致性需求，即它的需求由其他商品或劳务的需求派生而来，而后者称为本源性需求。此外，物流服务系统涉及运输、仓储、流通加工、信息、装卸搬运等多个环节，本身就是一个庞大的纵向经济领域，是一个典型的复合型产业。

同步于商品经济交易表现出的频率高、范围广的特征，物流市场主体的需求也随之发生改变，超越基本物流服务的个性化需求逐渐凸显，由原来的少品种、大批量、少批次、长周期转变至多品种、小批量、多批次、短周期，同时业务的需求结构也从单一化向综合化改变，要求物流企业提供跨产业的系统化整体解决方案或者跨行业的"一站式"服务，还对物流服务的快捷性、精确性和多样性提出了新的要求。特别是随着电子商务如火如荼的发展，在供需双方联系更加广泛和不受时空限制的特性下，实现电子商务交易的线下载体即物流，在新的网络销售模式下提出了新的物流需求，如面向个人或单位消费者的快递配送业务、便利消费者的网上订购和超市提货的物流形态、汇总网络商店订单的共同配送方式等。

物流市场的供给方，在技术创新的扩散和物流信息技术的支持下，以满足客户的现实和潜在需求为目标，通过优化内部资源配置、探索性学习和物流服务创新等方式实现供给系统运作。在供需双方共同探索利益空间的进程中，物流产业融合渐渐出现了。可以说，物流需求的不断升级提高是物流产业创新发展的内在动力，物流业融合正是在不

断满足人类需求的过程中发展出来的一个新趋势。

（二）竞争与协同的共生

随着竞争的加剧、新技术的应用、经营模式的变革，企业实现利润最大化、保持竞争优势的目标始终未变，当技术、产品或服务逐渐趋同时，不同产业或同一产业的不同企业，彼此之间在双赢的基础上建立"在竞争中合作，在合作中竞争"的关系，即"竞合关系"。这种关系突破了产业分立的限制，由合作竞争理念引领，寻求交叉产品、平台以及收益共享的交叉部门。

同一产业内部不同企业间的合作使企业规模扩大，而不同产业间企业的合作是产业融合的组织基础。企业之间的竞合关系，通过资源的重新配置提高资源的利用率，降低成本，进而增强产品或服务的竞争性，因此，这种企业间的竞合关系是产业融合的企业动因。

企业通过多元化经营实现范围经济效应，在该过程中，企业从技术融合、产品融合、业务融合三方面展开，通过生产成本降低、成本结构改变提供差异化的产品和服务，并引导需求者的消费习惯与消费内容，最终促使产业融合化。在谋求收益的同时，企业在产业融合过程中采用其他产业的先进技术为自己服务以追求效率。

物流产业融合后，处于物流运作各个环节的物流企业通过发挥物流服务的整合作用，优化配置物流产业链上的有限资源，为用户提供"一站式"的物流服务，同时也提升了自身提供整体物流服务系统的运作水平。物流企业竞合关系的共生过程，对于物流消费者而言，快捷、高效的物流服务需求得到了满足；对于物流企业自身而言，充分合理使用了产业链上的共享资源，在不断满足物流客户变化的需求时，创新了服务方式，通过物流服务的融合化获得了"动态"的竞争优势，提升了企业竞争力。

三、信息化与物流产业融合的过程机理

（一）物流职能的演进

物流活动同步于人类社会发展历程，当人们按照自己的目的和需求装卸、运送、储存物品时，就已经展开了物流活动。基于信息化视角，考虑到经济发展环境变化带来的产业融合现象，从物流市场供需双方利益变化出发，物流职能朝着分散、内部聚合、社会化、系统化整合的趋势发展。

1. 物流职能分散阶段

在物流职能分散阶段，物流活动还未被作为一个运作系统统筹规划和考虑，处于非主导的物流理念阶段。信息技术的支持在该阶段未能体现，属于粗糙的信息管理，物流

职能主要表现为运输、仓储、装卸搬运，相互之间彼此独立，是企业经营活动之一。由于物流职能的归属有问题和缺乏信息技术的支持，物流各环节运作活动的紧密性、与其他产业的互动在时间和空间上被人为割裂开，表现出协调不一致、信息不对称、物流效率和效益低等特征。这种物流职能分散的现象表明物流活动未得到各企业的关注和重视，同时，独立分散的管理使企业还未认识到物流能够带来的价值。

2. 物流职能内部聚合阶段

随着市场竞争加剧，企业的第一利润源和第二利润源即原材料的节约和生产率的提高越来越困难，同时粗放型的发展模式使物流费用不断攀升，抵减了企业的规模经济效应，相悖于企业利益最大化目标的追求。在新管理学说和信息技术兴起与发展的推动下，对物流活动进行系统规划，发挥物流职能各环节在成本降低中的作用，逐步开始成为企业挖掘的第三利润源。这一时期物流职能运作的主体是工商企业，企业通过重组、整合，以期从物流环节中找寻利益，如海尔集团通过自身物流流程再造，利用物流运营网络系统提升企业运作的效率和服务水平，最终获得了成功。同时，第三方物流企业也通过改善物流各个环节的衔接，在时间、空间、途径上进行整合与优化，提高系统运行优化的空间，效果也初露端倪。

3. 物流职能社会化阶段

在物流职能社会化阶段，第三方物流企业崭露头角，物流外包成为多数生产企业和工商企业的选择，表现出社会化物流服务的特点。在以往经营中，大多企业主要使用自营物流的物流服务方式，对企业来说，要花费庞大的资金购置设施设备、引进人才、组建管理团队，成本压力不断增加，而且牵制企业无法专注培育自身的核心竞争力。随着市场竞争的加剧，利润空间逐步缩小，生产企业和工商企业开始转变经营方式，将物流外包，以此降低成本，提高核心竞争力，从专业化的物流服务和生产经营中获取利益，也减少物流运作风险，从资本运作中获得间接利益。从社会经济整体发展来看，自营物流容易造成物流行业的重复投资与建设，可能引起物流资源闲置和低效率使用，因此这一阶段是当下物流行业发展趋势。

4. 物流职能系统化整合阶段

在信息经济时代，不同地域的企业在物流环节上的信息资源传递与共享更为便捷。这一阶段，以 RFID、GPS、GIS 等为代表的物流信息技术的普及推广是物流产业融合的关键。信息技术的创新为物流职能的专业化协作、系统化整合提供了技术支持，使整个物流服务过程更为安全、透明、便捷，实现运输、仓储、信息等物流职能各环节的无缝衔接，及供应链上各利益主体的协调发展，最终实现物流服务系统整体最优。

（二）信息化与物流产业融合的过程

信息化与物流产业融合的过程实际上是一个自组织的过程，在前述融合的激励机制和动力机制作用下，具有开放性特征的物流系统，其传统的运作方式被打破，不同物流企业之间、物流企业与其他产业企业之间的非线性竞争与协作，指引物流产业系统向有序化方向发展，即向一体化、专业化、信息化、标准化、融合化的方向发展。

自组织有两种含义，一是组织的从无到有，二是组织的从差到好。信息化与物流产业融合的过程可分为萌芽和实现两个阶段：

在产业融合产生之前，不同产业都有着各自特定的技术、产品、企业与市场，共同构成了一个产业的边界，对于物流产业而言，融合前的运输、仓储、流通加工等行业内各自的企业、市场、服务内容相对独立，从事着各自的生产经营活动。随着生产力提升、经济结构优化调整及物流产业制度的放松，物流企业实施战略联盟、多元化经营，面对物流需求者的物流服务和物流市场格局的变化，物流企业进而改变运作理念，树立整体运作、系统优化的经营理念，并在信息技术支撑下满足需求者个性化的融合型物流服务需求且实现商业化，或通过吸引新成立企业提供该融合型物流服务，随着这种融合型服务的创新，产业属性被改变，物流产业的融合出现了。此外，具有典型服务特性的物流产业在与其他产业互动过程中，彼此之间会促进信息化、标准化、网络化等方面的扩散与渗透，强化不同产业之间的联系，进而导致技术融合、标准融合的发生。概而言之，物流产业融合从无到有的过程是物流产业要素的扩散与整合的过程。

信息化与物流产业融合的实现阶段是一个逐步完善的过程。在前述融合动力机理各要素的作用下，融合型物流服务不断完善，并发挥着"役使"功能，役使着物流产业系统的构成要素即技术、产品、企业、制度与市场等向同一个方向发展，促使融合型物流服务替代传统的物流服务，实现物流产业融合，在信息技术支持下形成现代物流产业，并稳步发展。

第三节 信息化与物流产业的融合效应

由于物流产业需求具有派生性特点，信息化与物流产业在融合过程中涉及不同产业间的互动，因而这种融合既改变了自身的市场结构、产业绩效，又影响着其他产业，进而带来了整个社会经济的变化。信息化进程的推进、知识经济的深化，在加速物流产业融合时，使其融合效应凸显，成了产业成长、经济增长的新动力。信息化与物流产业融合的效应可归纳为三个方面：①促进了物流产业结构优化升级，提高了竞争力；②促使物流产业组织变革，利于构建竞合关系；③通过降低交易成本、优化资源配置、促进技术扩散等方式，实现价值增值，推动经济增长。

一、利于物流产业结构优化升级，提高竞争力

产业创新包括多层次全方位的创新，是一个系统。产业融合的本质是一种产业创新，在"创造性的破坏"过程中，优化了产业结构，促使其升级并更具竞争力。

信息技术与物流产业的融合催生了物流信息技术的应用与扩散，为物流服务创新提供了技术支撑，逐渐地改变了传统物流产业的生产与服务方式，资源得到合理配置和利用，效率不断提高，进而加快了一体化进程，带动了物流需求层次的提升。再辅之以制度、组织、业务等方面的创新，物流产业融合深化，加强了物流企业与供应链其他利益主体的合作，通过整合资源，形成与其他企业的动态联盟，物流产业的一些部门获得创新与发展，实现了由劳动资本密集型向技术知识密集型的转变。在物流信息技术的扩散与渗透下，物流产业融合过程中又产生了新方式、新技术，使某些传统的物流服务对应的需求逐渐减少甚至退出市场，最终引起了产业结构布局的变化。如信息技术与物流业融合深化，配置 RFID 技术的智能货柜可以精确记录各个运作环节的时间点、开启次数，甚至是货柜的温度变化及其震荡情况，保证了物流企业的高效率服务，提升了物流客户的消费层次。

此外，信息化与物流产业融合提高了物流产业的竞争力。在信息化对物流业的不断渗透下，企业不仅可以及时掌握和传递物流过程中的信息，并可利用这些信息的处理对零散的物流资源进行整合，提升专业性更强的物流服务能力。信息化与物流产业融合进程中，物流信息技术既提高了物流各环节的自动化、智能化水平，更是加快了一体化物流服务的整合。这种整合既涉及现代物流运作各环节的信息资源，也涵盖了客户资源的信息掌握和整合。信息化与物流业的融合，特别是关键性信息技术的应用，是物流企业的无形资产，是其保持并提升核心竞争力的有力武器。物流企业极速提升信息反应速度的同时，可以更好地满足物流消费者的个性化需求，为其提供差异化的服务。现代物流服务提供商在信息化与物流产业融合的背景下，通过信息技术扩散渗透的连锁反应，提高了运营效率，降低了成本，提升了对物流客户的服务水平，使得物流产业的产业结构得到转换和升级，最终加强了物流企业竞争力。

二、利于物流产业组织变化，构建新型竞争关系

融合带来全方位的变化，给产业组织带来了深远的影响。产业融合本身包含着产业组织结构的重大变动，如市场结构、行为、绩效以及企业组织机构等方面的变动，融合的生产力必然会带来融合的组织形式。产业融合，一方面可能加剧企业破产倒闭、合并

重组等现象，另一方面创造了扩大规模、开发新产品和新服务的机会，进而演化出新的组织形式。物流组织随着融合的萌发与发展经历了多个阶段的变化，这种变化发生于不同产业的企业之间，如联盟、兼并等，也发生于同一产业的企业之间，如产权独立、并购等。

传统企业组织结构有明确的企业边界、垂直管理的组织形式两大基本特征，该特征与信息有关，反之对信息流动性也会产生重大影响。在信息化进程中，随着信息各层面的发展，信息流在产业互动中的地位与作用凸显，逐渐成为产业互动的主导性基础，取代了物质流。随着这一根本性转变，企业组织形式也迫切需要改变，这种变革体现出产业关联中信息流为基础的特质，既包括企业组织内部结构的创新，也涉及企业组织之间产权结构的重大调整。

随着制造模式的变革，市场竞争不再是单个企业的竞争，而是供应链之间的竞争，而供应链一体化的关键就是信息，供应链节点的衔接依赖的是无形的信息技术，因此形成了更具柔性、自适应、高弹性的虚拟企业（或称网络型企业），这类企业成了物流产业融合的微观组织基础。另外，其他一些如模块化的组织形式、学习型的组织形式等新型组织结构也应运物流产业融合而生。

物流产业融合推动了横向一体化物流发展，即同一产业内多个企业为获得共同利益而进行合作，物流企业内部组织结构随之发生变革与调整，形成了柔性化、扁平化、网络制等新型组织结构。纵向一体化物流和横向一体化物流综合作用形成了物流网络，物流网络的实现让物流企业与相关企业结成共享市场的同盟，形成互相渗透、纵横交错的协作有机体。在物流信息技术的助推下，物流网络的企业越多，它的规模效应就越明显，进而深化社会分工，整个社会的物流成本也得到大幅度下降。如在物流产业融合的条件下，形成了与之相适应的第四方物流这一新型范式，它是具有虚拟化、扁平化、模块化特征的现代物流企业，是实现与产业关联根本性转变相适应的内外部物流组织创新。它应运物流产业深化融合而生，完全具备物流产业融合所需的组织特征。

三、利于实现价值增值，推动经济增长

信息化时代，物流信息技术与物流产业的融合，催生了一些新型的物流服务，提升了物流客户的需求层次。新型的物流服务具有高附加值、高利润，代表着需求发展的必然趋势，物流产业顺应这一趋势转变消费主流，其竞争力因此逐渐提高。如信息化和物流业的融合，使供应链上的利益主体，不仅在物流环节的运作上实现智能化，而且在信息传递上实现共享与快捷。它们的动态融合，既让物流服务提供商提供新型物流服务而提升了竞争优势，又让物流服务消费者因及时的信息反馈、个性化服务而减少了损失，

从社会经济角度上实现了物流产业的价值增值，推动了经济的增长。物流产业融合对经济增长所起的作用主要体现如下。

（一）降低交易成本

在物流产业融合过程中，物流企业横向一体化体现了市场分工向企业内分工的转化，这会激发节约交易成本的内在机理，而物流纵向融合更是节约了外生和内生交易成本；物流产业融合在信息技术的激励机制作用下，能缩短距离、减少中间迂回环节，从而节约大量中间费用；物流产业融合只是限制分工范围、转化分工层次，并没有消除分工，因此，物流产业融合过程中既获得融合收益又获得内部分工的收益。物流产业及企业融合度越高，其平均成本越低。

（二）优化资源配置

物流产业的融合将有利于整合资源，避免重复建设，实现资源共享以提高产业的整体经济效益。物流产业融合发生后，原来限于各自领域的分散资源突破界限，在信息技术手段的推动下被整合并重新配置使用，为供应链横向或纵向的延伸、业务模式的创新、市场的开发提供了支撑，夯实了新型物流服务的基础。

（三）促进技术扩散

物流产业的融合首先是技术的融合，特别是信息技术的融合。信息化与物流产业的融合会在产业内部或产业之间衍生各种技术方面的革新，这些革新通过传播扩散又催生了新型服务，形成技术和服务互相促进的良性互动。

（四）带来收入增长

物流产业融合将会直接或间接给相关的部门带来较大的经济效益。在产业融合后的物流服务提供过程中，由于资源的整合共享、信息技术的作用，融合后的物流服务总成本会小于融合前各自成本之和，产业融合后的物流服务会更加具有经济效益，而作为融合型复合产业的现代物流在垂直性整合与前后关联性的产业合并中表现得更加明显，更能促使这种范围经济的发生。

第七章 智慧物流与供应链信息平台建设

第一节 智慧物流与供应链信息平台的业务体系

智慧物流与供应链信息平台业务体系设计要在相关信息技术支撑下搭建完善的体系结构，具体包括智慧物流信息平台、大宗商品供应链信息服务平台、大宗商品电子交易平台，以及物流园区信息服务平台业务体系设计。

一、智慧物流信息平台业务体系

智慧物流是以"互联网+"为核心，以物联网、云计算、大数据及"三网融合"（传感网、物联网与互联网）等为技术支撑，以物流产业自动化基础设施、智能化业务运营、信息系统辅助决策和关键配套资源为基础，通过物流各环节、各企业的信息系统无缝集成，实现物流全过程链可自动感知识别、可跟踪溯源、可实时应对、可智能优化决策的物流业务形态。

智慧物流信息平台是通过综合运用信息集成技术和智能信息技术，实现物流业务运作的智慧化和一体化。智慧物流信息平台的规划和设计以实现物流服务一体化、物流过程可视化、物流交易电子化、物流资源集约化、物流运作标准化、客户服务个性化为目的，并与区域物流生态和企业具体业务需求相结合，以确定相应的运营主体、服务范围、业务体系、输入输出等，从而确保智慧物流信息平台的功能设置完善、系统合理。

现代物流依托公路、铁路、水航运输方式建立并逐渐完善了物流运输网络，并以此为基础为客户提供集运输、物流金融、信息化管理等多种服务于一体的整套现代化物流解决方案。通过对物流行业的产业集群、市场定位和发展战略等进行分析，结合智慧物流信息平台设计理念，并对现有业务进行梳理，可将其业务按照运营属性划分为核心业务、辅助业务和增值业务三类，并以此为依据设计智慧物流信息平台的业务体系。

智慧物流信息平台以设施、装备、管理、技术、标准等内部环境和法规、电子商务、金融、安全、信用等外部环境为支撑，针对不同的服务对象和不同的货物类型开展一系列核心业务、辅助业务和增值服务。其中核心业务包括智慧物流商物管控、智慧物流供应链管理、智慧物流业务管理和信息全域控制，辅助业务包括供应链协同管理、物流系统设计与优化、物流过程控制，增值服务包括智能加工、智能包装、智能装卸搬运、智能结算、自动支付以及物流状态实时查询等，三大业务共同构成了智慧物流信息平台业务体系。"为促进我国智慧物流可持续健康发展，应加快完善行业标准，引导智能物流常态化"。[①]

二、大宗商品供应链信息服务平台业务体系

大宗商品供应链信息服务平台是基于供应链管理协同的思想，配合供应链中各上下实体的业务需求，使操作流程和信息系统紧密配合，做到各环节无缝链接，形成物流、信息流、单证流、商流和资金流五流合一的领先模式。实现整体供应链可视化，管理信息化，整体利益最大化，管理成本最小化，从而提高总体水平。

在国家"一带一路"倡议指引下，物流行业应充分运用资源优势、区位优势和产业优势，基于大宗商品供应链服务四大业务板块，建设符合现代物流发展趋势的供应链管理平台，为生产企业、商贸企业、相关物流企业提供综合供应链服务、具备采购服务、库存服务、销售服务、供应链金融等主要供应链服务功能。基于大宗商品供应链信息服务平台的功能定位，通过对产业链开展的相关业务详细分析和梳理，按照业务运营属性进行分类，主要包括核心业务、辅助业务和增值业务。

物流行业供应链管理以内部环境（设施、装备、管理、技术、标准）及外部环境（法规、电子商务、金融、安全、信用）为支撑，针对不同的服务对象、不同的服务产业开展一系列核心业务、辅助业务和增值业务。

第一，核心业务层。核心业务层主要包括采购服务、库存服务、销售服务、供应链合作关系管理。大宗商品分类主要分为农副产品、金属产品、化工产品三大类，三大产业链相关物流企业大部分没有统一的供应链管理体系及准则，需要推出大宗商品供应链核心业务，为三大产业链合作企业提供采购服务、库存服务、销售服务、供应链合作关系管理。

第二，辅助业务层。辅助业务层包括征信管理、信息技术、绩效评价、结算管理四项主要业务。现代物流供应链管理业务体系作为大宗商品供应链统一的体系结构，利用物联网、大数据、云计算等信息技术，对参与其中的供应链节点企业进行统一的征信管理、绩效评价、结算管理，以促进产业链的健康发展。

---

① 东方. 新发展格局下智慧物流产业发展关键问题及对策建议 [J]. 经济纵横，2021（10）：77-84.

第三，增值业务层。增值业务层主要包括供应链物流、供应链金融、供应链方案设计、供应链信息平台。基于现代物流供应链管理业务体系核心业务和辅助业务，开发供应链管理增值业务，开辟新的利润源，包括提供供应链节点企业间的物流服务，开展供应链金融业务缓解资金压力、降低融资成本，同时搭建供应链信息平台，基于实际业务设计供应链解决方案。

第四，应用业务层。现代物流供应链管理业务服务对象主要为大宗商品供应链中供应商、生产商、销售商以及物流服务提供商四大类节点企业，服务于大宗商品供应链农副产品、金属产品、化工产品三大产业。通过进一步拓展，现代物流供应链管理业务还将服务于各区域。

第五，内外部支撑。内外部支撑项目主要是为保证核心业务、辅助业务以及增值业务的顺利执行，是物流行业供应链管理业务体系的建设基础。其中内部支撑主要包括供应链管理设施及装备、供应链管理技术和供应链管理体系标准。外部支撑包括大宗商品供应链管理相关的法规、电子商务、金融、安全和信用。

三、大宗商品电子交易平台业务体系

大宗商品电子交易平台的建立就是为了使大宗商品快速周转流通。开展大宗商品电子交易业务，可逐步整合大宗商品资源，为生产销售企业、贸易需求企业提供电子交易服务，从而改善交易环境，简化交易流程，提升交易效率。基于现代物流大宗商品电子交易平台的功能定位，通过对相关业务详细分析和梳理，按照业务运营属性进行分类，主要包括核心业务、辅助业务和增值业务。

物流行业大宗商品电子交易平台业务体系以设施、装备、管理、技术、标准等内部环境和法规、电子商务、金融、安全、信用等外部环境为支撑，面向上游销售企业、下游需求企业和金融机构开展一系列核心业务、辅助业务和增值服务。其中核心业务包括在线交易、交易管理、结算管理、行情资讯、市场分析，辅助业务包括商品信息管理、商品展示、库存管理、企业信息管理，增值业务则包括借贷款业务、垫付业务、投融资业务、会员交易、大数据服务五个部分，这三大业务层构成了物流行业大宗商品电子交易业务体系。

四、物流园区信息服务平台业务体系

基于现代物流园区经济发展现状，依据物流园区信息服务平台的目标规划与功能定位，该平台可为园区及园区内各企业客户提供公共服务、产业服务、企业服务，以及大数据应用服务等多种服务于园区一体的整套服务解决方案。通过物流园区产业分区的产

业集群、市场定位和发展战略等进行分析，并对现有业务进行梳理，可将其业务按照运营属性划分为基础服务业务、核心服务业务、公共服务业务和大数据应用服务业务四类，设计物流园区信息服务平台业务体系。

物流园区信息服务平台业务体系以法规、电子商务、金融、信用、安全等外部环境为支撑，针对不同的服务对象和不同的园区和企业类型开展一系列基础服务业务、核心服务业务、公共服务业务和大数据应用服务业务。其中基础服务业务包括园区基础信息服务、园区企业信息服务，核心服务业务包括园区产业服务、园区企业业务服务，公共服务业务包括园区公共服务、电子政务服务，四大业务共同构成了物流行业物流园区服务业务体系。

第二节　智慧物流与供应链信息平台的云服务设计

智慧物流与供应链信息平台的稳定运作需要构建关键技术体系作为支撑。构建完善的关键技术体系首先需要从平台的规划目标与功能定位出发，分析平台各功能板块所需要的关键技术，以点带面，从线到面，立体化推进平台关键技术体系的标准化建设。智慧物流与供应链信息平台关键技术体系由系统综合集成技术、数据应用技术和信息共享及安全技术三部分组成。

一、智慧物流与供应链信息平台云服务

（一）云服务商选择

大数据时代，云计算成为经济社会发展的基础设施，根据公司信息化建设需求，物流行业与阿里、百度等云服务商合作，将智慧物流与供应链信息平台架构在云服务商分布式计算机与储存系统之上，实现平台运营的高效化、虚拟化、通用化。

1. 阿里云服务

阿里云是阿里巴巴旗下全资子公司——阿里云计算有限公司打造的一款公共、开放的云计算服务平台，其数据中心位于杭州、上海、中国香港等地，拥有全国最大内容分发网络（CDN），遍布全国的 200 多个 CDN 节点。阿里云的产品致力于提升运维效率，降低 IT 成本，令使用者更专注于核心业务发展。阿里云提供的服务包括底层技术平台、弹性计算、数据库、存储与 CDN（内容分发网络）、网络的负载均衡、大规模计算、云盾、

管理与控制等。

平台核心为阿里云自主研发的飞天云，服务全飞天云是服务全球的超大规模通用计算操作系统。它可以将遍布全球的百万级服务器连成一台超级计算机，以在线公共服务的方式为社会提供计算能力。飞天的革命性在于将云计算的三个方向整合起来：提供足够强大的计算能力，提供通用的计算能力，提供普惠的计算能力。飞天云是融合云数据存储、云计算服务和云操作系统为一体的云智能移动操作系统，基于 Linux（支持多用户、多任务、多线程和多 CPU 的操作系统）内核以及 WebKit（开源的浏览器引擎）、Open GL（Open Graphics Library，跨编程语言、跨平台的专业图形程序接口）和 SQLite（轻型的数据库）等开源库，为上层的飞天开放服务提供计算、存储和调度等方面的底层支持，包括协调服务、远程过程调用、安全管理、资源管理等构建分布式系统常用的底层服务。

飞天开放平台负责管理数据中心 Linux 集群的物理资源，控制分布式程序运行，隐藏下层故障恢复和数据冗余等细节，把数以千计的服务器联成一台"超级计算机"，并把这台超级计算机的存储资源和计算资源，以公共服务方式提供给互联网上的用户，为用户应用程序提供计算和存储两方面接口和服务。这些接口和服务包括弹性计算服务、开放存储服务、开放结构化数据服务、关系型数据库服务和开放数据处理服务，并基于弹性计算服务提供了云服务引擎（ACE）作为第三方应用开发和 Web 应用运行和托管的平台。

2. 百度云服务

百度云是百度提供的公有云平台，共推出了几十款高性能云计算产品，天算、天像、天工三大智能平台分别提供智能大数据、智能多媒体、智能物联网服务。为社会各个行业提供安全、高性能、智能的计算和数据处理服务，让智能的云计算成为社会发展的新引擎。百度云提供的服务包括计算与网络、存储和 CDN、数据库、安全与管理、大数据分析、数字营销云、智能多媒体服务、物联网服务、人工智能等。

百度云基于百度的高可靠数据中心之上，使用先进的集群管理系统对服务器进行统一运维管理，极大降低了人力维护的烦琐性，可有效避免人为操作失误。同时，依托智能调度技术，对部署的服务自动化冗余管理，保障服务运行稳定性。

百度云拥有领先的虚拟化技术。通过虚拟机和软件定义网络，实现了多租户隔离及跨机房组网。客户与客户相互隔离，即便在同一个机房内也不可见，有效保证数据的安全性。同时，在单地域内可以将部署在多个机房的服务纳入同一个虚拟网络，客户无须关心物理架构即可实现多机房冗余。

百度云拥有多种存储技术，可针对客户不同应用场景提供量身定制的解决方案。无论是强大灵活的数据库，还是追求极致性能的NoSQL（泛指非关系型的数据库）存储系统，或者是超低成本的海量数据备份，百度云都能提供解决方案。所有存储系统均在百度内部有着多年应用实践，通过了海量数据的大规模压力考验，能够确保客户的数据安全可靠。

大数据技术是百度的强项。百度云拥有Map Reduce、机器学习、OLAP等不同的大数据处理分析技术。客户可以对原始日志批量抽取信息，然后利用机器学习平台做模型训练，还可以对结构化后的信息实时多维分析，根据客户的关注点产生不同的报表，帮助业主做出决策。百度云可为客户提供完整的大数据解决方案，让业务数据能够产生最大价值。

百度云还拥有顶尖的人工智能技术，上百位顶尖科学家的研究成果通过百度云向客户开放。从文本到语音再到图像，百度均代表着世界领先水准。在当前业界最热门的深度学习领域，百度也同样站在前沿。客户可以通过百度云，享受到世界一流的人工智能技术，使自己的业务变得更加智能。

（二）云服务合作方案

基于物流企业现有IT资产及业务需求，可采取混合云方案设计，既保护了物流企业的已有IT资产，又可以通过服务商云平台助力业务发展，通过云服务不仅实现资源横向扩展，而且可以无缝利用服务商云平台整合的大数据、人工智能、搜索等各种开放服务，快速构建自己高效的业务系统。

智慧物流与供应链信息平台混合云方案可以实现物流企业私有环境和服务商云平台公共环境的网络互通；实现公私环境数据同步和迁移，充分利用云服务商的大数据处理能力挖掘供应链与物流运营的数据价值；实现公私环境的应用交互，加速构建智慧物流信息平台、大宗商品供应链信息服务平台、大宗商品电子交易平台、物流园区信息服务平台四大业务应用平台。

二、智慧物流与供应链信息平台云服务模式

基于各区域企业发展高效物流的共性需求，物流企业应充分运用资源优势、区位优势和产业优势，建设符合现代物流发展趋势的智慧物流与供应链信息平台，全方位整合区域现有公共服务资源，形成覆盖全产业链的信息服务体系。云计算技术可助力智慧物流与供应链信息平台打造IT基础信息平台，建设云数据中心、构建基础网络与面向企业客户业务应用的云服务系统架构。

智慧物流与供应链信息平台云服务架构以服务器、电源系统、刀片服务器、存储设备以及网络传输设备等物理层，构建相应的虚拟层，为供应链中企业客户提供 IaaS（基础设施即服务）、PaaS（平台即服务）、SaaS（软件即服务）、安全、运维等各类云服务。

（一）IaaS 服务

IaaS 服务是指用户对所有计算基础设施的利用，包括处理 CPU、内存、存储、网络和其他基本的计算资源。用户能够部署和运行任意软件，包括操作系统和应用程序。供应链中企业客户不能管理或控制任何云计算基础设施，但能控制操作系统的选择、存储空间、部署的应用。IaaS 服务包括搭建光纤网络和数据中心机房，向供应链中企业客户和个人用户提供 IT 基础资源与配套设施租赁等服务。

（二）PaaS 服务

PaaS 服务是将软件研发平台作为一种服务，以 SaaS 的模式提交给用户。供应链中企业客户不再需要任何编程即可开发包括客户关系管理（CRM）、办公自动化（OA）、人力资源（HR）、SCM、进销存管理等任何企业管理软件，而且不需要使用其他软件开发工具并立即在线运行。它能够提供企业进行定制化研发的中间件平台，同时涵盖数据库和应用服务器等。智慧物流与供应链信息平台可与国内其他软件厂商合作，搭建管理软件级的 PaaS 平台，供应链中企业客户可根据自身需求快速定制工作流程和数据库，快速搭建企业所适用的各类企业管理平台。

（三）SaaS 服务

SaaS 即软件即服务，是一种通过 Internet 提供软件的模式，智慧物流与供应链信息平台将应用软件统一部署在自己的服务器上，供应链中企业客户可以根据自己实际需求，通过互联网向信息平台订购所需的应用软件服务，按订购服务的多少和时间长短支付费用，并通过互联网获得相应服务。供应链中企业客户不用再购买软件，而改用向信息平台租用基于 Web 的软件，来管理企业经营活动，云服务软件包括企业电子邮件系统、OA 系统、企业资源计划（ERP）系统、CRM 系统、HR 系统、财务软件系统、CAD（计算机辅助技术）辅助设计系统等。

（四）安全服务

智慧物流与供应链信息平台在解决供应链中企业客户接入因特网出口的同时，可以为相关企业提供各种安全增值服务，包括提供安全管理、身份认证与审计、终端认证、反垃圾邮件、入侵检测与安全监控等安全服务。

（五）运维服务

智慧物流与供应链信息平台可以为供应链中企业客户提供 7×24 小时运维服务，承担企业内部信息化平台日常的维护工作，合作企业无须设置信息化技术部门和专业技术人员，进而降低了企业投资和运营成本。

第三节　智慧物流园区供应链的协同运作模式探索

智慧物流的核心就是协同共享，这是信息社会区别于传统社会的典型特征，但智慧物流园区涉及主体众多，需求存在多样性。

一、智慧物流园区供应链协同的特征

随着市场竞争的日益激烈，单一封闭的运作模式已难以助力企业健康长久地发展，由点转向面的经营模式已是各行各业的整体趋势。智慧物流园区集中了众多物流相关企业，并积攒了庞大的物流信息数据，这些数据的潜在价值对于企业发展来说是至关重要的。凭借大数据、云计算等信息技术对这些信息资源进行收集、整理、分析，能帮助企业优化经营流程，提高园区整体的市场竞争力。对于数据就是财富的今天，拥有越多的数据资源，意味着比竞争对手越大的优势，供应链协同应运而生。

智慧物流园区供应链协同就是以园区供应链各节点企业为对象，以协同机制为前提，全面推进各节点间的协同合作。智慧物流园区供应链协同是站在整体供应链的实际需求角度出发，共享园区内外各类资源，既包括以实物形式存在的各类设备设施等硬件资源，也包括虚拟化的信息、人力、客户等软件资源，对园区企业的业务流程、信息系统、设施设备、企业文化等多个方面进行协调统一，实现资源的整合，避免资源的闲置浪费和信息孤岛问题的出现，平衡物流服务需求与供给之间的矛盾，实现整体效益最大化。

智慧物流园区供应链协同具有如下特征。

第一，重视信息协同的重要作用。在供应链协同管理过程中，物流和资金流都可以以信息流的形式对整个供应链体系进行协调沟通。所以，供应链信息的协同，有利于为物流和资金流提供正确的决策依据，提高数据管理的安全性，提升供应链的动态性，进而促进整个供应链管理目标的实现。

第二，强调了供应链整体性。在供应链协同管理的过程中，所有企业都是以满足顾客需求，提升整体效益，合作共赢为战略目标。一旦供应链上某一环节出现问题，都会对供应链上其他所有节点企业造成影响。同时，供应链的整体协同还有利于实现优势互补，降低风险。所以，需要以供应链全局的视角，综合考虑各个环节的沟通协作，而不能将各企业割断开来。

第三，增强了各企业的沟通交流。供应链各节点企业相互联系，每个成员的决策决定都会影响整个命运共同体的生存与发展，这促使成员间更加积极地进行沟通交流与信息资源的开放共享，更加信任尊重彼此，进而保证能够推动整个供应链的不断优化。

二、智慧物流园区供应链协同运作模式的构建

随着科学技术的发展与电子商务产业的繁荣，现代社会对物流业的需求不断扩大，"互联网＋"急剧改变着物流企业的运作流程与管理模式，市场竞争日益激烈，物流企业的发展遇到前所未有的机遇与挑战。传统的供应链协同模式已经难以满足智慧物流园区企业对于协同的高层次需求，它们需要的是更为公平、科学、主动的供应链协同运作，最大限度地提高市场竞争力，获得更为可观的社会或经济效益。在"互联网＋"背景下，大数据、云计算等现代高新信息技术为企业间的协同提供了足够的技术支撑。构建基于信息平台的供应链协同运作模式，实现智慧物流园区不同主体间的资源互补，以更为科学智慧的决策推动园区企业协同发展。

（一）智慧物流园区信息平台的构建

目前，我国智慧物流园区及各入驻企业先后都建立了一些信息系统，但仍存在信息共享成本居高不下、有效信息提取效率不高、功能重叠、互不连接的情况，严重制约了整个供应链体系在物流、资金流、信息流的信息共享。聚焦智慧物流园区供应链主体，不同环节的主体需求存在差异，需求种类繁多，且对信息的及时性、准确性与战略指导性有很高的要求。因此，智慧物流园区供应链协同，不仅要实现原有企业信息系统之间的协同，更要最终达到供应链整体的协同。而构建信息化平台是实现供应链各节点协同高效运作的有效途径。

1. 平台功能

（1）会员服务。信息平台首先要与有意入驻园区的企业进行对接，经过注册、审核、签约等一系列流程之后赋予企业一定的会员权限，在其权限范围内有偿享受园区一站式的配套服务，比如信息查询与发布、物业管理、金融咨询等各项基本业务需求与增值服务需求。

（2）数据处理与预测功能。智慧物流园区是以数据作为正常运作的基础，数据是

园区及企业生存发展的命脉。因此，运用大数据技术对各供应链主体在信息平台中交互时产生的海量数据进行及时有效地过滤、存储、分析、挖掘，依据共享数据进行预测分析，更好地为主体决策提供支撑。

（3）信息发布与查询功能。园区各供应链主体可以运用各种终端设备在信息平台上发布各项物流相关信息，比如最新的物流政策动向、供求信息、物流状态、生产运输数据等实时资讯，以及对物流服务进行反馈评价、建议投诉等。同时，各类主体也可以通过信息平台进行信息的查询跟踪。

（4）数字安防功能。园区运用结构化视频存储技术、视觉识别技术、物联网技术、互联网技术、区域 GIS 技术，整合现有信息监控系统于平台，集成视频监控系统、无人机系统、道闸系统、门禁系统及移动设备，规避传统的人员密集型管理，以全息数字安防实现对园区的一体化可视智能监测，以保障整个物流过程的安全。

（5）在线交易功能。该功能为用户提供了线上交易平台，满足用户在线浏览、订购、支付、退货等交易行为，保证用户可以同时进行多项交易活动，提高交易效率。同时，利用区块链技术的不可篡改性确定交易者身份，验证交易活动，能够有效降低交易成本，提高交易安全性。

（6）物流任务分配功能。信息平台根据物流服务需求者上传的订单需求信息，结合供应链各节点企业的业务能力与优势，运用大数据与人工智能技术将订单自动拆分为若干物流任务，并及时进行合理分配，迅速下发给相应的物流服务提供方，实现供应链节点间的协同运作。

（7）智慧运输管理。利用物联网与移动应用技术从车辆装车起运到交接回程的全过程进行实时透明监管，并在地图上直观地呈现配送过程状态以及进度情况，把控运输过程，降低安全风险。运用地理位置数据、GIS 技术和智能载配调度算法，综合考虑运营商物流资源和物流能力，摆脱经验化装车安排，实现运输作业自动装载调度、自动路径规划自动调度，智能规划运输路线。

（8）智慧仓储管理。信息平台对仓库进出货物进行可视化监控，快速对接仓储活动产生的信息数据，能够实时获取集货完成状态，实现透明化作业过程管理。通过物联网和区块链技术对入驻企业仓储资源进行集成管理，把握园区整体仓储情况，进而共享仓库闲置空间信息，动态化柔性化管理库存，有效协调物流活动。

（9）政府政务服务。信息平台提供外部接口，使得工商、税务等政府部门能够与智慧物流园区实现紧密对接。一方面，可以为企业推送、解读最新的政策信息，简化行政事务办理手续，缩短业务办理时间；另一方面，使得政府部门可通过信息平台掌握智慧物流园区的整体运营情况，及时进行政策调整。

（10）其他公共服务。通过信息平台对接公共服务机构，提供一系列配套的公共服务，包括金融服务、咨询服务等。其中，通过平台对接银行和保险公司的业务系统，能够方便园区节点企业获得在线的金融服务，通过平台对接律师事务所或咨询公司业务系统，能为企业获取相关的法律或业务咨询内容。

2. 平台架构

通过对供应链主体的需求和平台的功能规划分析，智慧物流园区信息平台的建设要以协同共享为出发点，充分发挥现代信息技术对智慧物流园区供应链协同的推动作用，更好地实现信息资源的集成与共享，通过数据处理提供给企业更加科学的指导意见。

（1）数据层。数据层是整个智慧物流园区信息平台体系结构的基础，也是平台功能实现的重要组成部分。信息平台数据的来源主要有两个方面：①信息平台通过传感器、RFID、二维码、车载终端、GIS、GPS 等数据收集手段直接获取物流业务活动中产生的各类数据；②信息平台利用企业、政府、金融信息等外部接口引入银行、保险、政府、金融机构等外部系统的数据，从而丰富数据源，使得平台分析处理结果更具科学性与指导性。

（2）应用服务层。应用服务层主要完成数据处理工作。通过云计算、大数据等相应的技术手段，将数据层中获得的初始数据进行数据挖掘、数据分析等自配置处理和决策支持处理，并且利用云计算的分布存储技术，对供应链中庞大的数据进行分析、存储。同时，云计算冗余存储模式在一定程度上保障存储信息数据的安全性和完整性，为上层的应用需求提供应用服务支撑。

（3）应用层。应用层即面向用户的服务层，其目的是支持用户联网的应用要求。

物流作业管理中心主要是为了实现平台上的订单业务需求，围绕园区的物流业务，比如智能仓储管理、智能运输管理、货运代理等进行管理，以达到满足客户需求的目的。因此，它囊括生产运营、客户服务、经营管理、决策分析等多方面内容，目的是为了实现物流作业的可视化管理、智能化运作及智慧化决策。

园区综合管理中心主要是为园区运营管理方提供一个智能管理平台，园区管委会可以借助该平台对园区进行统一高效的运营管理，主要处理包括会员管理、物业管理、财务管理、招商管理等在内的各项内部事务。

公共信息服务中心主要是为了畅通园区各供应链主体间的信息交流与信息共享，通过对接园区内部各子系统和园区外部各公共信息系统，实现信息的公开透明管理，解决不同主体间的信息不对称以及由于信息闭塞带来的效率低下等问题，从而真正提供一体化综合物流服务。

（4）表现层。数据处理与数据挖掘并不是信息平台的最终目的，信息平台的资源整合效益必须落实到用户身上，要让用户以便捷的方式获取对于他们来说有价值的信息。表现层就是将数据处理与挖掘的结果以报表的形式直观地展示给用户。用户可以通过电脑、手机等各种途径访问信息平台，进行信息获取、业务办理、定制服务、辅助决策等业务活动。

（5）用户层。用户是智慧物流园区信息平台的主要服务对象和使用主体，包括了智慧物流园区供应链协同的所有主体。信息平台以开放式的结构将各主体利益紧紧联系在一起，打通数据流通渠道，实现信息双向流通和实时共享，以更加科学合理的决策推动了供应链协同运作，提高智慧物流园区整体收益。

（二）基于信息平台的供应链协同运作模式的构建

智慧物流园区信息平台好比人类的大脑，影响着智慧物流园区互联互通程度与信息集成化水平。但是光有一颗发达的"大脑"还不足以驱动智慧物流园区这个机体健康地运转，它需要在这颗"大脑"的指挥下，协调各个"肢体"有配合地、遵循一定原则地进行活动，进而使得整个机体具备灵活的行为能力和强大的思考能力。

基于信息平台的供应链协同运作模式的核心思想是从供应链的角度出发，利用物联网、大数据、云计算等高新信息技术，为园区供应链节点企业搭建一个信息平台，集成优化各园区主体在业务协同中产生的大量物流相关信息。通过信息资源在平台上公开透明地传递，打破传统供应链协同模式中核心企业占据园区信息资源主导权的一家独大现象，将非核心企业的被动配合转化为主动参与，解决传统组织运作模式信息滞后、信息失真、信息孤岛的问题，提高信息交互能力与共享程度，提升资源利用效率，帮助园区的管理和运营从分散向集中转变，进而实现智慧物流园区组织互动、物流资源共享和优化配置的最终目标。

基于信息平台的供应链运作模式不仅能保证供应链各节点企业信息协同与业务协同的一致性，还能有效发挥智慧物流园区信息平台的指导决策作用，使得园区企业在不断地交流共享、学习创新中推动智慧物流园区健康可持续地运营。

基于信息平台的供应链协同运作模式构建主要分为以下四步。

1. 明确供应链协同目标

由智慧物流园区供应链协同的内因分析可知，物流企业在园区内的聚集是为了追求利益最大化、打造核心竞争力、获取价值链优势和营造学习型组织。其中最为关键的驱动因素是企业能通过供应链协同获取比自身单独经营更大的利益，不仅包括经济效益，也包括一定的社会效益。换言之，园区企业都是以获取利益最大化为目标加入协同运作队伍中来的。

但是，如果所有供应链节点企业都只顾自身利益，而不顾供应链整体利益，往往会造成协同效率低下，甚至供应链的断裂。这无论对于智慧物流园区来说，还是园区内企业来说，都是严重的损失。因此，在保证节点企业利益目标实现的基础上，要明确园区供应链协同的整体目标，即共摊成本、共担风险、共享收益。积极引导供应链各节点互相信任，整合共享信息资源，降低物流总成本，提高供应链整体业务运作效率与物流服务质量。供应链协同目标的实现，对于园区与企业的战略发展来说都至关重要。

2. 确定供应链节点联结方式

供应链节点是智慧物流园区的基本组成要素，也是园区供应链协同运作的主体。要使得智慧物流园区整个机体的各个组成部分协同运作，首先就要求各个组成部分能以某种方式联结在一起，进而实现整体的有机运动。

不同的供应链节点之间的关系有所差异，根据企业自身的主营业务范畴、业务运作能力、经营管理能力、核心竞争能力、信息资源拥有程度、学习创新能力等，可以分为资源互补型和竞争合作型两种。针对不同类型的企业关系，其信息沟通与协同运作方式也不完全一致。因此，选择具有柔性优势的战略网络联结方式，能够较好地满足智慧物流园区中供应链节点的协同运作。

3. 完善供应链协同机制

供应链协同过程涉及众多主体，不同主体在智慧物流园区中发挥不同的作用。要保障园区协同运作模式的稳定性和灵敏性，制定一套科学合理，且能够被协同主体广泛认可的协同机制就变得十分重要。供应链协同机制的完善，有利于规范合作企业的业务活动，保障园区企业的切身利益，激励企业积极加入协同运作的行列中来，提高企业与园区的市场竞争力。

具体来说，信任机制有利于为园区供应链企业的合作打下坚实的信任基础，促进信息在企业间的沟通互享，降低因信息隐瞒导致的协同效率低下的风险；协调机制有助于解决企业协同过程中出现的各种矛盾问题，以双方互利共赢为原则，减少企业之间的摩擦；决策机制有助于帮助企业，尤其是在园区中处于相对弱势被动地位的中小型企业，通过分析行业前景与市场数据，提供科学合理的决策指导，帮助企业优化物流运作流程，有针对性地提高物流业务能力，改进产品服务质量，提高企业竞争力；奖惩机制有助于约束企业在合作中的投机行为，规避道德风险，促进企业间诚信合作，共谋发展；利益分配机制有助于激发企业合作意愿，调动企业协同合作的积极性，给智慧物流园区注入新鲜血液，提高园区对市场的应变能力。

4. 建立信息平台

（1）供应链各节点企业要对自身业务流程进行优化，提升业务能力，加强企业内部的基础设施建设和信息系统建设，提升智能化水平。尤其是对于园区供应链的核心企业来说，因为处于整条供应链的领导地位，其规模、信息化水平、标准化程度要求更是较高。

（2）运用物联网、大数据、云计算技术建立园区信息平台，同时利用标准化技术统一服务标准，推动不同企业的不同系统之间进行有效的数据协同，也为后期的信息共享提供规范。

（3）建立各供应链节点之间及其与协同平台的对接。利用云计算的虚拟化技术将供应链企业不同系统的不同界面的软件虚拟成相同系统的相同界面，以达到供应链企业内、企业与企业之间的数据协同、程序协同和界面协同，解决平台内多系统同在但不能互相沟通的信息孤岛情况。

（4）通过开放的接口系统，加强供应链节点企业之间的沟通交流。整合优化供应链业务流程，形成所有供应链节点企业对接的网络结构，实现供应链节点企业运营数据、市场数据、生产信息等各类信息的自主收集、实时共享与高效流动，便于各个节点的企业及时掌握产品生产进度及供应链的运转情况，改善产品服务质量，更快、更好地协同响应终端客户需求，为客户提供个性化服务。

参考文献

[1]蔡玥.物流配送企业供应链管理模式的研究——基于信息技术角度[J].中国商贸，2012（2）：144-145.

[2]曾倩琳.信息化与物流产业融合发展的测度研究[M].西安：西安交通大学出版社，2018.

[3]陈静.电子商务环境下物流企业管理创新模式探讨[J].商业经济研究，2020（10）：110-112.

[4]陈乐炜.探究绿色物流包装在电商中的应用[J].中国集体经济，2022（11）：100-102.

[5]陈亮.智能制造背景下智慧物流供应链建设研究[J].商业经济研究，2021（05）：104-107.

[6]东方.新发展格局下智慧物流产业发展关键问题及对策建议[J].经济纵横，2021（10）：77-84.

[7]范湘香.回收努力影响下循环物流包装库存策略优化[J].包装工程，2022，43（05）：242-248.

[8]丰晓芳.基于市场营销的企业物流管理模式选择[J].物流技术，2014（10）：298-300.

[9]巩家婧，宁云才，张公鹏.大数据时代物流企业供应链管理运作模式与优化路径[J].企业经济，2019（5）：80-84.

[10]郭海慧，刘森.基于"互联网+"的中小企业物流管理模式探析[J].中国商论，2019（10）：9-10.

[11]郭翩.现代物流管理系统的复杂性探讨[J].经贸实践，2016（13）：152.

[12]何晓光.供应链管理模式下饲料企业物流管理现状及应对措施[J].中国饲料，2021（1）：111-114.

[13]黄瑞科，唐臣.供应链物流管理系统设计与应用研究——基于RFID技术[J].中国商论，2021（1）：133-134.

[14]郎东，王青，王述英.论物流系统中生产物流的管理与控制[J].经济经纬，2007（5）：122-125.

[15]李杰.供应链管理模式下饲料企业物流配送模式优化探析[J].中国饲料，2022（2）：99-102.

[16]李静.商业企业物流管理模式初探[J].中国商贸，2012（10）：176-177，181.

[17]李晓娜，仇新忠.基于供应链管理模式下的饲料企业物流管理发展路径[J].中国饲料，2019（24）：105-108.

[18]李杨.我国物流企业参与供应链物流管理模式分析[J].物流技术，2014（7）：380-382.

[19]林麟.基于"互联网+"的中小企业物流管理模式研究[J].中国商论，2018（32）：11-12.

[20]吕波，魏国辰.我国物流企业参与供应链物流管理模式分析[J].商业时代，2013（32）：30-31.

[21]马士华.供应链管理[M].北京：机械工业出版社，2020.

[22]牟小俐，代小春，江积海.供应链管理[J].技术经济与管理研究，2001（3）：96-97.

[23]彭宝玲.新常态下河南省物流产业信息化发展对策研究[J].市场论坛，2017（01）：35.

[24]舒辉.物流与供应链管理[M].上海：复旦大学出版社，2014.

[25]苏原.关于提升企业仓储管理水平的研究[J].中国储运，2022（08）：202.

[26]孙伟.浅谈绿色物流包装[J].产业创新研究，2022（08）：69-71.

[27]汤乃飙.基于物流经济的企业管理模式探讨[J].商业经济研究，2018（21）：92-95.

[28]王喜富，沈喜生.现代物流信息化技术[M].北京：北京交通大学出版社，2015.

[29]王燕，廖利，章伟东.刍议我国现代企业物流系统的构建[J].改革与战略，2004（1）：99-101.

[30]魏俊奎.论现代企业物流管理的创新[J].现代管理科学，2005（11）：99-100.

[31]魏修建，姚峰.现代物流与供应链管理[M].西安：西安交通大学出版社，2018.

[32]谢庆红，张青.现代企业物流成本控制研究[J].科技管理研究，2005，25（5）：131-133.

[33]徐光辉.关于企业物流管理模式的探讨[J].中国商贸，2013（11）：105-106，108.

[34]杨延海.我国智慧物流产业发展体系与对策研究[J].技术经济与管理研究，2020（11）：98-102.

[35]于文婷.基于绿色供应链管理的现代企业物流管理模式研究[J].物流技术，2012，31（10）：170-172.

[36]张德军.电子商务企业自营物流管理模式优化研究[J].物流技术，2012，31（11）：157-159.

[37]张红波，罗一新.效率不确定下企业物流管理模式的柔性选择研究[J].中国工程科学，2008，10（9）：88-91.

[38]张美.现代企业物流战略的创新思路初探[J].现代商业，2017（22）：22-23.

[39]张倩，张世宁.物流管理[M].郑州：河南大学出版社，2014：160.

[40]张园园.供应链管理模式下企业物资采购管理研究[J].商展经济，2022（21）：87-89.

[41]赵军海.现代企业物流管理问题及对策[J].现代营销，2015（4）：9-10.

[42]郑海燕.信阳市信息化与物流产业融合现状及趋势分析[J].信阳农林学院学报，2015，25（04）：46.

[43]郑平平，聂琪鹤，刘凌云，于政强，刘冬梅.基于实物资产码的现代化仓库技术研究[J].集成电路应用，2021，38（12）：39-42.

[44]仲晨，杨雅碧，周丽娜.电商物流包装的研究现状及其展望[J].包装学报，2020，12（05）：27-34.

[45]周祈燕.基于运营模式与管理视角的中小物流企业竞争力提高对策研究[J].物流技术，2015（5）：81-83.

[46]邹雄.现代物流在企业经营管理中的作用[J].物流工程与管理，2022，44（11）：126-128.